Le golf

de vos rêves

Révision: Denis Dion

Données de catalogage avant publication (Canada)

Rotella, Robert J.
   Le golf de vos rêves

   Traduction de: The golf of your dreams.

   1. Golf.   I. Cullen, Robert.   II. Titre.

GV965.R6714 2003   796.352'3   C2003-940418-0

DISTRIBUTEURS EXCLUSIFS:

- Pour le Canada
  et les États-Unis:
  MESSAGERIES ADP*
  955, rue Amherst
  Montréal, Québec
  H2L 3K4
  Tél.: (514) 523-1182
  Télécopieur: (514) 939-0406
  * Filiale de Sogides ltée

- Pour la France et les autres pays:
  VIVENDI UNIVERSAL PUBLISHING SERVICES
  Immeuble Paryseine, 3, Allée de la Seine
  94854 Ivry Cedex
  Tél.: 01 49 59 11 89/91
  Télécopieur: 01 49 59 11 96
  Commandes: Tél.: 02 38 32 71 00
                   Télécopieur: 02 38 32 71 28

- Pour la Suisse:
  VIVENDI UNIVERSAL PUBLISHING SERVICES SUISSE
  Case postale 69 - 1701 Fribourg - Suisse
  Tél.: (41-26) 460-80-60
  Télécopieur: (41-26) 460-80-68
  Internet: www.havas.ch
  Email: office@havas.ch
  DISTRIBUTION: OLF SA
  Z.I. 3, Corminbœuf
  Case postale 1061
  CH-1701 FRIBOURG
  Commandes: Tél.: (41-26) 467-53-33
                   Télécopieur: (41-26) 467-54-66
                   Email: commande@ofl.ch

- Pour la Belgique et le Luxembourg:
  VIVENDI UNIVERSAL PUBLISHING SERVICES BENELUX
  Boulevard de l'Europe 117
  B-1301 Wavre
  Tél.: (010) 42-03-20
  Télécopieur: (010) 41-20-24
  http://www.vups.be
  Email: info@vups.be

Pour en savoir davantage sur nos publications,
visitez notre site: www.edhomme.com
Autres sites à visiter: www.edjour.com • www.edtypo.com
www.edvlb.com • www.edhexagone.com • www.edutilis.com

Gouvernement du Québec – Programme de crédit d'impôt
pour l'édition de livres – Gestion SODEC.

L'Éditeur bénéficie du soutien de la Société de développement des
entreprises culturelles du Québec pour son programme
d'édition.

Nous reconnaissons l'aide financière du gouvernement du
Canada par l'entremise du Programme d'aide au
développement de l'industrie de l'édition (PADIÉ) pour
nos activités d'édition.

Le golf
de vos rêves

Dr Bob Rotella et Bob Cullen

Traduit de l'américain par Jacques Desfossés

LES ÉDITIONS DE
L'HOMME

INTRODUCTION

De toutes les statistiques recueillies par la *United States Golf Association*, la plus alarmante est sans nul doute la suivante. Il y a quinze ans, le handicap du golfeur américain moyen était 16.2 ; celui de la golfeuse moyenne, de 29. Aujourd'hui, au moment même où j'écris ces lignes, le handicap du golfeur américain moyen est toujours de 16.2 et celui de la golfeuse moyenne est lui aussi resté le même, soit 29.

Cette décennie et demie a pourtant vu l'avènement des bois n° 1 à tête surdimensionnée. Fabriqués du même métal que les navettes spatiales, ces bâtons « haute technologie » devaient permettre au golfeur moderne d'envoyer la balle plus loin que jamais. Ces années ont également marqué la venue de fers spécialisés capables – du moins selon les prétentions des manufacturiers – d'imprimer à la balle une trajectoire plus sûre et plus droite qu'auparavant. Puis il y a eu ces nouveaux fers droits à manche long et à tête incrustée de plastique qui promettaient au joueur une plus grande stabilité et une touche supérieure. Et que dire de ces balles « longue distance » qui n'ont cessé d'inonder le marché ?

Pendant ces quinze années, nous avons acquis une plus grande compréhension de l'élan grâce à la vidéo et à l'informatique. Ces techniques de pointe ne sont plus l'apanage des professionnels et de leurs entraîneurs : aujourd'hui, la majorité des terrains d'exercice peuvent enregistrer votre élan sur vidéocassette et le comparer ensuite, grâce à un logiciel spécialisé, à celui de Nick Faldo ou de Tiger Woods.

Les statistiques ne mentent pas. Froidement et impitoyablement, elles révèlent que les milliards de dollars dépensés en leçons, en bâtons et en balles dernier cri n'ont rien changé au rendement du golfeur américain. Les nouvelles technologies n'ont pas contribué à améliorer son handicap.

J'ai moi-même pratiqué et enseigné plusieurs sports au fil des ans. Et puis il y a longtemps que je m'intéresse aux mécanismes de l'apprentissage. Au tout début de mes études universitaires, j'enseignais la natation et la gymnastique à des enfants souffrant d'une déficience intellectuelle, et ensuite, à ma troisième année d'université, j'ai été l'entraîneur de l'équipe de basketball d'une école secondaire, puis d'une équipe de crosse de niveau collégial. Après avoir complété mon doctorat en psychologie du sport, j'ai travaillé avec quantité d'équipes de football, de baseball et de basketball, mais aussi avec des écuyers, des skieurs, des pilotes de course et des joueurs de tennis. Or, selon mon expérience, le golf est le seul sport dont les adeptes acceptent d'emblée un certain plafonnement de leurs capacités techniques. Et ce type de raisonnement prévaut même au niveau professionnel ! Peut-être est-ce dû au fait que les golfeurs professionnels n'ont pas à composer, comme c'est le cas dans les sports d'équipe, avec un propriétaire ou un gérant qui est toujours là pour les aiguillonner. Le propriétaire d'une équipe de football professionnelle perdante n'attendrait pas quinze ans pour congédier son entraîneur ou pour recruter de nouveaux joueurs. Ayant fréquenté un grand nombre de clubs de golf, je sais que les instructeurs qui y travaillent s'intéressent en général davantage à l'organisation de tournois locaux qu'au niveau de jeu de leurs élèves.

J'ai souvent l'occasion de m'adresser à des pros enseignants de la PGA. Or, il m'arrive de leur demander s'ils connaissent mieux leur élan maintenant que lorsqu'ils avaient seize ans. Invariablement, presque tous répondent par un « oui » catégorique. Je leur demande ensuite s'ils sont plus confiants de pouvoir réussir un coup difficile lors d'un match très serré qu'ils ne l'étaient à seize ans. À cette question, très peu osent répondre par l'affirmative. À mon sens, cela illustre parfaitement l'attitude qui prévaut aujourd'hui chez les instructeurs de golf : pour eux, l'apprentissage de la mécanique de l'élan a supplanté tous les autres aspects du jeu. C'est exactement comme si un entraîneur de football montrait à ses quarts à lancer parfaitement le ballon, mais omettait de leur enseigner les autres aspects du jeu. Un quart-arrière si piètrement armé n'aurait aucune chance de mener son équipe à la victoire et il ne fait aucun doute que l'entraîneur préconisant de telles méthodes serait promptement congédié.

Curieusement, les moniteurs de golf, eux, n'ont pas à faire face à pareilles responsabilités. Je ne peux m'empêcher de penser que s'ils étaient payés en fonction des résultats qu'ils obtiennent, ils changeraient alors du tout au tout leur façon d'enseigner. Si, par exemple, un instructeur était jugé selon la performance de ses élèves lors de compétitions, je crois qu'il surveillerait alors de très près leurs progrès et veillerait à ce qu'ils retirent un maximum des leçons qu'il leur donne. Malheureusement, ce n'est pas le cas, ce qui explique que le golfeur moyen a généralement beaucoup de mal à améliorer son jeu. Les secrets qui lui permettraient de jouer le golf de ses rêves demeurent hors de sa portée.

C'est ici que j'interviens. Mon plus cher désir est de livrer ces secrets à la golfeuse et au golfeur amateurs. Dans mes deux livres précédents, *Jouer au golf sans viser la perfection* et *Golf Is a Game of Confidence*, j'ai exposé en détail les aspects psychologiques de ce sport fabuleux. Or, c'est dans une optique bien différente que j'ai écrit *Le golf de vos rêves*. Mon but est ici de vous aider à développer les autres facettes de votre jeu.

Bien évidemment, ce livre ne pourra à lui seul faire de vous un meilleur golfeur. Il ne peut pas vous montrer comment vous élancer ou comment exécuter correctement un coup roulé. Si vous le lisez par un beau vendredi soir d'été, vous ne deviendrez pas automatiquement un meilleur golfeur en vous réveillant le samedi matin.

La vocation première de cet ouvrage, sa mission, consiste à vous amener à saisir ce que vous devez faire pour jouer au golf à votre plein rendement et pour devenir le golfeur que vous avez toujours rêvé d'être.

La vérité est toute simple : un joueur de calibre moyen ne pourra jamais devenir un expert en lisant tranquillement un bouquin dans son salon. Ce n'est pas non plus en changeant ses bâtons, sa marque de balles, en prenant quelques leçons ou en augmentant sa fréquence de jeu et d'entraînement que l'on parviendra nécessairement à réduire son handicap. Le golf ne connaît ni solutions miracles, ni expédients.

Cela ne revient pas à dire que les progrès que vous espérez faire sont hors de votre portée. Au contraire ! Il ne fait aucun doute que vous atteindrez vos objectifs si vous faites preuve de volonté et de persévérance. Car si je vous écris aujourd'hui, c'est entre autres choses pour vous faire part d'une excellente nouvelle : *il n'est pas nécessaire de posséder des aptitudes athlétiques phénoménales pour bien jouer au golf*. Un golfeur n'a pas à avoir la carrure, la force et les réflexes d'un footballeur professionnel. Vous avez donc, chers lecteurs, le talent et le physique nécessaires pour devenir maître golfeur. Je n'irai pas jusqu'à prétendre que je peux faire de chacun de vous un professionnel, mais je vous promets que vous vous améliorerez considérablement si vous suivez mes méthodes, si vous vous appliquez et si vous vous entraînez diligemment. Respectez ces conditions et je vous garantis que vous jouerez bientôt de façon plus détendue et en retirerez davantage de plaisir.

En fait, le programme d'entraînement que je vous propose ici est si efficace que je vous défie de le mettre en pratique pendant trois ans sans faire de nets progrès.

L'attitude du joueur se veut un ingrédient primordial du succès au golf. Notez que cela vaut aussi pour les autres sports. Tous les grands entraîneurs de l'histoire ont compris cela. Ils façonnent leurs joueurs et leurs équipes en exigeant volonté, patience et persévérance de leur part. Ce sont ces caractéristiques qui, bien plus que le talent brut, permettent à un athlète d'atteindre son niveau optimum de performance.

Prenez le basketball, par exemple. Les terrains de jeu publics et les ligues mineures regorgent de gars capables de bondir à une hauteur incroyable et d'exécuter des jeux époustouflants, n'empêche qu'il n'y a et n'aura jamais qu'un seul Michael Jordan. Bien d'autres joueurs de basket ont autant de talent que Michael Jordan, mais ce dernier possède en plus de ses formidables aptitudes naturelles une attitude qui le dispose à sans cesse améliorer son jeu. Tout ce qu'il fait, il le fait dans l'optique d'un plan rigoureux : il s'adonne à la musculation pour augmenter sa force physique et éviter les blessures ; il fait des exercices d'assouplissement, se nourrit correctement, s'entraîne deux ou trois heures par jour. Et il fait ces choses avec régularité !

Bref, il fait le nécessaire pour toujours jouer à son meilleur.

Au printemps 1995, Michael Jordan a prouvé – bien involontairement – que le talent à l'état pur n'était pas tout. Cette année-là, il réintégrait la NBA après avoir tenté sa chance dans le baseball majeur. D'aucuns purent d'emblée constater que son jeu s'était détérioré faute d'entraînement ; aux yeux de tous, il n'était plus qu'un joueur ordinaire. Son talent naturel, toujours présent, ne suffisait pas à faire de lui ce qu'il avait été jadis. Sourd à ses détracteurs et soucieux de retrouver ses capacités d'antan, Michael ne tarda pas à se remettre à son bon vieux programme d'entraînement. La saison suivante l'a trouvé au sommet de sa forme. Michael Jordan était à nouveau invincible.

J'ai observé le même phénomène au golf. Nick Faldo n'est pas devenu un des plus grands golfeurs de la dernière décennie parce qu'il possédait un talent fabuleux, mais parce qu'il a travaillé pendant douze ans avec le même entraîneur et qu'il n'a jamais changé les composantes fondamentales de son élan. Pendant toutes ces années, il s'est astreint à une façon de faire, à un programme d'entraînement spécifique et, au bout du compte, c'est cette constance qui a fait de lui un champion exceptionnel.

Les tournois amateurs de la Floride ne sont pas dépourvus de golfeurs extrêmement talentueux. Bon nombre d'entre eux peuvent envoyer la balle par-dessus la clôture, tout au bout du terrain d'exercice. Mais pour talentueux qu'ils soient, ces golfeurs ne sont pas et ne seront jamais de la trempe d'un Nick Faldo parce qu'ils n'ont pas la volonté, le zèle et la persévérance nécessaires pour devenir de véritables champions.

Si vous possédez ces attributs – volonté, zèle, persévérance –, alors vous avez les qualités requises pour vous améliorer et devenir un très bon golfeur.

Voyez ce livre comme une carte routière où se dessine la route allant du point A au point B. La carte elle-même ne peut pas vous mener à destination ; elle ne fait que vous montrer la voie. De même, ce livre est un guide qui vous indiquera le chemin à parcourir pour devenir le golfeur ou la golfeuse de vos rêves.

Il n'en tient qu'à vous de faire ou non ce périple.

CHAPITRE 1

Le golf de vos rêves : un idéal à atteindre

Je n'ai aucun problème avec ceux qui veulent jouer au golf en dilettantes. Des millions de gens se contentent de jouer une ou deux fois par mois, à la recherche avant tout de beau temps, de grand air, et d'une occasion de s'amuser entre amis.

Pour des raisons qui leur sont propres, ces personnes n'ont aucune envie de s'entraîner ou de prendre des leçons. Dans bien des cas, le golf constitue pour elles un délassement, un moyen de se délester des exigences familiales et professionnelles. Quoi qu'il en soit, ces gens se préoccupent peu de la qualité de leur jeu. Une telle attitude est valable tant et aussi longtemps que l'on demeure conscient des limites qu'elle impose et que l'on accepte de ne pas jouer aussi bien qu'on le pourrait. Si ces personnes sont heureuses de faire du golf un délassement, une distraction, eh bien, qu'elles continuent ainsi ; rien ne les en empêche. Qu'elles sachent cependant que ce livre ne s'adresse pas à elles.

Ce livre s'adresse au golfeur qui n'est plus satisfait de jouer en dilettante, au golfeur qui consacre déjà ou est prêt à consacrer temps et énergie à améliorer son jeu, au golfeur frustré du fait qu'il ne réussit pas à obtenir des marques plus basses en dépit de tous ses efforts. En définitive, ce livre s'adresse au golfeur qui est déterminé à devenir meilleur, mais qui ne sait que faire exactement pour y arriver.

Certes, il est plus difficile de s'améliorer au golf que, disons, en cyclisme. Du moment que l'on sait monter une bicyclette, les gains que l'on connaîtra en terme de vitesse et d'endurance dépendront directement du temps et de l'effort que l'on mettra à s'entraîner. Au golf, par contre, le temps et l'effort ne sont pas les seules variables. De fait, la qualité de l'entraînement s'avère plus importante que ces deux variables. Je voyage beaucoup pour jouer sur différents parcours, pour donner des leçons ou à titre de consultant, et j'ai pu constater que la plupart des golfeurs amateurs compromettent sans le savoir – et de bien des manières – la qualité de leur entraînement.

Plusieurs amateurs sont convaincus que tous les bons golfeurs possèdent un talent naturel qu'eux n'ont pas. Je ne prétendrai pas que le talent ne joue pas un rôle appréciable dans tout ça. J'ai rencontré des tas de joueurs inexpérimentés qui ont atteint le niveau de maître golfeur sans jamais avoir eu à s'entraîner, or, ces rares individus étaient de toute évidence dotés d'un talent naturel considérable. D'un autre côté, j'ai vu des personnes qui n'ont jamais pratiqué de sport de leur vie et qui soudain décident qu'elles veulent jouer au golf. Dans leur cas, les progrès seront généralement lents et graduels.

La majorité des golfeurs se situe quelque part entre l'amateur de grand talent et le néophyte, et presque tous ont les aptitudes requises pour bien jouer au golf. Cela dit, leur talent se doit d'être exploité correctement.

Bon nombre de golfeurs préfèrent croire qu'ils n'ont pas les capacités nécessaires pour améliorer leur jeu, que leur absence totale de talent limite leur potentiel. Peut-être jouent-ils souvent au golf, mais sans jamais s'améliorer, s'en prenant à Dieu, à leur foncière maladresse, bref, à tout sauf à eux-mêmes pour justifier leurs performances médiocres.

C'est une réaction très humaine que d'imputer nos incapacités à un manque de talent. J'ai un ami qui brasse des affaires en Russie et qui s'est dit, très justement d'ailleurs, que ses affaires rouleraient mieux s'il apprenait à parler russe. Il s'est donc inscrit à un cours de langue. À partir de ce moment, il emportait toujours avec lui des petits cartons sur lesquels il inscrivait d'un côté des mots en russe et de l'autre leur équivalent anglais. À la moindre occasion, il consultait ces petits cartons, les étudiait. Il y a mis temps et effort, mais il est éventuellement parvenu à parler russe très convenablement.

Depuis, lorsqu'il rencontre des gens et qu'il leur dit qu'il parle russe, la plupart d'entre eux répliquent : « Que vous êtes chanceux d'être doué pour les langues ! Moi, je n'ai aucun talent de ce côté-là. »

Les gens qui lui disent cela préfèrent attribuer leur ignorance à un manque de talent plutôt que d'admettre qu'ils ne parlent pas russe pour la simple raison qu'ils n'ont jamais fait l'effort de l'étudier.

Le problème avec ce type de raisonnement, c'est qu'il jugule notre potentiel. William James, l'un des pionniers de la psychologie en Amérique, a étudié ce phénomène et a découvert que les individus qui pensent ainsi deviennent éventuellement conformes à l'image qu'ils se font d'eux-mêmes. Pour faire des progrès dans un domaine qui exige discipline et concentration, que ce soit au golf ou dans l'apprentissage d'une langue étrangère, il faut d'abord se dire à soi-même que l'on est capable d'y arriver. En votre for intérieur, vous devez avoir l'intime certitude que vous avez le talent nécessaire pour réussir.

Un de mes bons amis, Robert Willis, m'a récemment envoyé la vidéocassette d'un golfeur du nom de Mike Carver, enregistrée alors qu'il jouait un neuf trous sur le parcours de Grenada, au Mississippi. Lors de cette partie, Mike a réussi la normale, soit 35. J'ai été certes très étonné de voir un golfeur empocher un oiselet de 15 pieds au dernier trou alors qu'il jouait pour la première fois devant la caméra, mais ce n'est ni cela ni la marque obtenue par Carver qui m'a le plus impressionné dans cet enregistrement vidéo.

Ce qui était vraiment remarquable, c'était le joueur lui-même. Mike Carver est né avec le bras droit qui s'arrête à la hauteur du biceps; il n'a que trois doigts à la main gauche et il est incapable de bouger son poignet parce que les os sont fusionnés. Il porte à la jambe droite une prothèse qui s'arrête au-dessus du genou. Les os de sa cheville gauche sont eux aussi fusionnés.

Lorsqu'il joue au golf, Mike tient le bâton avec sa seule main, la gauche, et se place de manière que cette main soit très loin devant la balle et la tête de son bâton. Il élance ensuite son bâton vers l'arrière à l'aide de son bras gauche, le pose brièvement sur le bout de son bras droit, puis exécute le reste de l'élan seulement avec son bras gauche. À la fin du mouvement, il fait un pas en avant, un peu comme Gary Player. Cette technique lui permet d'obtenir un crochet intérieur très bien contrôlé d'environ 200 verges.

Mais c'est surtout grâce à la qualité de son petit jeu que Mike réussit la normale à presque tous les coups. Il amorce ses coups d'approche en faisant quelques élans d'exercice, puis il frappe solidement la balle qui, la plupart du temps, atterrit très près du trou.

À la fin de la vidéocassette, on voit Mike ranger ses bâtons dans le coffre de sa voiture. La plaque d'immatriculation affiche fièrement son surnom de golfeur, Stoney. Sur son véhicule, nulle trace de vignette pour personne handicapée. Mike n'en veut pas. Il ne se perçoit pas comme un handicapé.

Mike Carver est devenu un bon golfeur justement à cause de cette attitude positive dont je vous ai parlé. Cela me rappelle ce mot célèbre de John Wooden : « Les choses que vous ne pouvez pas faire ne doivent pas entraver celles que vous pouvez faire. » La plupart des gens qui voient Mike Carver le considèrent d'abord et avant tout comme un handicapé, mais Mike, lui, n'a pas cette vision de lui-même. Contre toute attente, il a toujours cru en son propre talent et a toujours été convaincu qu'il pouvait devenir un excellent golfeur. Or, c'est exactement ce qu'il est devenu, grâce à sa foi en lui-même, mais aussi grâce à de patients efforts et à un entraînement soutenu.

Si vous n'avez pas confiance en vous-même, si vous ne croyez pas que vous pouvez devenir un excellent golfeur, alors vous n'aurez jamais la motivation nécessaire pour persévérer dans ces moments où tout semblera aller de travers. Et, croyez-en mon expérience, vous connaîtrez dans votre apprentissage du golf quantité de périodes où vous aurez l'impression de piétiner ou, pire, de régresser.

Les golfeurs incapables de persévérance sont condamnés à la médiocrité. Lorsque leur instructeur leur annoncera qu'ils doivent changer leur prise ou leur montée, ils s'appliqueront un temps, mais abdiqueront avant d'avoir pu totalement assimiler la nouvelle technique. Peut-être auront-ils l'impression de faire des progrès quand leur moniteur sera là pour les corriger, mais dès qu'ils s'exerceront seuls ou joueront une partie, ils renoueront aussitôt avec leurs anciennes habitudes. Même si ces joueurs croient en leur talent et prennent régulièrement des leçons, ils ne s'amélioreront pas parce qu'ils n'acceptent pas le fait qu'il faille travailler longtemps et de façon soutenue pour progresser.

J'ai maintes et maintes fois été témoin du scénario suivant. Un joueur dispute une partie amicale avec ses copains. La partie vient à peine de commencer que déjà il accuse cinq coups de retard sur son plus proche adversaire. Démotivé, ce joueur se dit que les conseils de son moniteur ne valent rien et décide donc de les oublier et de reprendre ses vieilles habitudes. D'autres golfeurs se montreront suffisamment courageux pour continuer d'employer la technique que leur instructeur leur a enseignée, même si elle leur donne du fil à retordre, mais, une fois la partie terminée, ils retourneront au vestiaire en maudissant leur moniteur. Après s'être convaincus du fait que leur instructeur ne sait pas de quoi il parle, ces joueurs cesseront de prendre des leçons et se retrouveront éventuellement au même point où ils en étaient avant d'amorcer leur processus de perfectionnement. Il y a même des golfeurs qui s'estiment heureux de jouer quelques mauvaises parties parce que cela fait monter leur handicap ! Leur raisonnement est que, plus mauvais sera leur handicap, moins ils auront de mal à battre leurs adversaires. Quoi qu'il en soit, trop de gens s'attendent à faire au golf des progrès immédiats et n'ont donc pas la patience nécessaire pour s'astreindre à un programme d'entraînement soutenu.

Ben Hogan a souvent déclaré que l'élan est comme un trésor enfoui quelque part à nos pieds et qu'il suffit de creuser un peu pour le trouver. À mon avis, les golfeurs et golfeuses qui ont décidé d'appliquer à la lettre cette maxime sont eux aussi voués à la stagnation. Croyant que les paroles de Ben les encourageaient à devenir des autodidactes du jeu, ils se sont mis en tête d'apprendre à jouer par eux-mêmes et se disent prêts à frapper des milliers de balles pour y arriver. Cette approche peut dans certains cas porter fruit – l'histoire du golf compte en effet quelques grands joueurs autodidactes. Sachez cependant qu'avant d'emprunter cette voie, il faut songer à deux choses : premièrement, personne n'entend jamais parler des légions de joueurs qui sont restés médiocres en tentant de suivre l'exemple de Ben Hogan ; deuxièmement, Ben était dans la trentaine lorsqu'il a commencé à s'imposer en tant que professionnel. Or, il a fait ses débuts comme cadet à l'âge de onze ans, ce qui veut dire qu'il a mis plus de vingt ans à perfectionner son élan. Songez-y : vingt années d'efforts constants pour bâtir une technique solide et efficace !

De ce point de vue, Jack Nicklaus et Bobby Jones représentent l'envers de la médaille. Dès leur plus jeune âge, ces joueurs légendaires ont été suivis par un entraîneur – Stewart Maiden dans le cas de Jones, et Jack Grout dans celui de Nicklaus. Les résultats de cette approche parlent d'eux-mêmes : Nicklaus et Jones disputaient des championnats nationaux alors qu'ils n'étaient encore que des adolescents, et tous deux ont remporté l'Omnium des États-Unis au début de la vingtaine.

Bien que j'admire la persévérance de ces autodidactes qui s'échinent à frapper balle après balle après balle au terrain d'exercice, je sais par expérience que leur méthode n'est ni la plus efficace ni la plus fiable qui soit. En définitive, un bon instructeur ne peut que vous faire gagner du temps. Il vous empêchera de développer de mauvaises habitudes et vous aidera à traverser les périodes de stagnation et les moments de découragement.

Tous les athlètes professionnels savent qu'ils ont besoin d'un entraîneur. Il y a quelque temps, je suis allé au club de golf East Lake, à Atlanta, là même où Bobby Jones a appris les rudiments du jeu. Dans le vestiaire, il y avait une photo de Babe Ruth jouant au golf. Sous sa signature, le légendaire joueur de baseball avait inscrit : « Pour bien jouer au golf, il faut avoir un bon entraîneur. »

Bien qu'étant l'archétype de l'athlète naturel, Babe Ruth savait pertinemment qu'on ne peut exceller à un sport donné sans l'aide d'un mentor.

Mais apprendre à jouer au golf par soi-même n'est pas la pire erreur que l'on puisse faire. En disant cela, je songe aux joueurs qui grappillent des conseils à gauche et à droite et qui changent de moniteur à tout bout de champ. Si vous êtes de ceux qui lisent toutes les revues de golf et qui écoutent religieusement les conseils des pros à la télévision, alors vous faites partie de cette catégorie. Les lacunes de cette approche sont évidentes : l'expert de la télé vous donne un bon tuyau pour rectifier votre montée, celui du magazine vous conseille une prise aux vertus quasi magiques, mais ce que vous ignorez c'est que ces deux techniques ne sont peut-être pas compatibles. Pire, elles ne s'appliquent probablement pas à votre style d'élan.

Les choses se compliquent lorsque ces golfeurs avides d'information décident de prendre des leçons sporadiques avec plusieurs moniteurs différents. Confronté à un client qu'il ne verra peut-être qu'une seule fois, l'instructeur n'a d'autre choix que de dispenser des conseils palliatifs qui, dans le meilleur des cas, aideront l'élève à frapper un peu mieux la balle lors de sa prochaine partie. Aucun instructeur n'a le pouvoir de rectifier une technique déficiente en une seule leçon. Notez également que ce type d'approche déresponsabilise le moniteur. Pourquoi en effet se sentirait-il responsable des piètres performances d'un élève occasionnel ?

Un golfeur qui passe sans cesse d'un moniteur à l'autre se rendra compte tôt ou tard que son jeu est entièrement composé d'expédients. Il sera sans doute capable de décrire en détail l'amorcer et le prolonger de tel professionnel, de critiquer la position de mains qu'affiche tel autre au moment de l'impact, mais son esprit sera encombré de données contradictoires concernant son propre élan. Une telle approche disparate ne vaut décidément rien au golf. Placez un bâton entre les mains d'un de ces collectionneurs de conseils et de techniques et voyez avec quel naturel, avec quelle grâce il s'élance ! (Vous avez compris que j'ironise en disant cela.) Bien entendu, son manque total de compétence ne l'empêche pas de pontifier à la moindre occasion sur les mille et une facettes de l'élan.

Certains golfeurs limitent leur potentiel en négligeant l'aspect mental du jeu. Étant moi-même psychologue du sport, je considère que ce domaine est ma spécialité. Cela dit, je n'essaierai pas de vous faire croire que la qualité de votre jeu dépend uniquement de ce qui se passe entre vos deux oreilles lorsque vous jouez. Le golf est affaire de corps *et* d'esprit. Pour bien jouer, il faut être capable de tenir et d'élancer correctement son bâton, il faut bénéficier d'un élan stable que l'on exécutera toujours de la même manière et il faut faire preuve de précision dans ses coups d'approche et ses roulés. Le golfeur qui a bien peaufiné ces techniques physiques peut dès lors s'attaquer à la psychologie du jeu. Sachez qu'il s'agit là d'un aspect de première importance. J'ai connu des joueurs qui sont passés d'un handicap de 20 à un handicap de 12 simplement parce qu'ils se sont mis à travailler leur attitude mentale. D'un point de vue strictement technique, il y a peu de différence entre un maître golfeur et un joueur dont le handicap est de 3 ou 4. Ce qui les distingue réellement, c'est leur attitude mentale. Le maître golfeur se montrera en effet plus apte à analyser correctement chaque situation, à bien choisir sa ligne de visée et à garder son sang-froid dans le feu de l'action. Or, toutes ces choses font partie de l'aspect mental du jeu.

Quantité de golfeurs n'accordent pas au petit jeu l'intérêt qu'il mérite. C'est là une des erreurs mentales et stratégiques les plus courantes au golf. Si vous avez lu mes deux ouvrages précédents, vous savez d'ores et déjà à quoi vous en tenir en ce qui concerne le petit jeu. Sinon, voici une vérité qui contribuera à vous éclairer sur son importance : près des deux tiers des coups joués lors d'un match sont exécutés à moins de 100 verges du trou. Personne, pas même les meilleurs joueurs du circuit professionnel, n'est parvenu à développer l'élan complet au point de toucher plus de 13 verts par partie dans le nombre de coups prescrits. Cela revient à dire que les coups d'approche et les roulés ont un plus grand impact sur la marque finale que les coups de départ. Pas de grands mystères là-dedans, direz-vous ? Vous avez raison. Il y a des lunes que les entraîneurs et moniteurs de golf répètent ces choses. J'avoue qu'ici, je n'ai rien inventé.

Sachant cela, il est étonnant de constater que, encore aujourd'hui, la majorité des golfeurs passent plus de temps à s'exercer avec leur bois n° 1 et leur fer n° 5 qu'avec leurs cocheurs et leur fer droit. Et ce qu'il y a d'incroyable, c'est que si vous tentez de convaincre ces maniaques du coup long de l'importance du petit jeu, la majorité d'entre eux vous donneront raison ! Pourquoi alors ne travaillent-ils pas davantage leurs coups d'approche et leurs roulés ? Parce que, vous diront-ils, ils veulent perfectionner leur élan complet avant de se concentrer sur leur petit jeu. Je le dis sans ambages : cette façon de faire n'a aucun sens ! C'est comme si un jeune homme refusait de sortir avec les filles de son âge parce qu'il est certain qu'il va rencontrer Cindy Crawford et qu'ils vont vivre ensemble une folle passion. Bien qu'elle soit à la limite compréhensible, l'attitude de ce jeune homme s'avérera assurément désastreuse pour sa vie amoureuse.

De même, un golfeur qui refuse de travailler son petit jeu avant que son élan complet ne soit parfait se fait de graves illusions. Il agit comme si le golf était affaire de perfection, ce qui est très loin de la vérité. Au fond, cette personne idéalise le golf et ne l'aime pas pour ce qu'il est réellement, c'est-à-dire un sport fait de coups de départ imparfaits rachetés par de bons coups d'approche et par des roulés précis. Lorsqu'il reposera sur son lit de mort, ce golfeur se demandera encore si son élan complet est vraiment à son goût !

Enfin, pour clore cette liste de golfeurs médiocres, je mentionnerai ceux qui ont une piètre attitude mentale doublée d'une technique approximative. Comme ils n'abordent pas chaque coup selon la même approche méthodique, ils sont incapables de frapper la balle avec précision et régularité ; puis, poussés par leurs émotions, ils perdent leur sang-froid au premier coup manqué. Sachez qu'un manque de rigueur et une déplorable attitude mentale de ce genre ne feront que saboter vos efforts. C'est précisément ce type d'approche qui mène aux bogueys doubles et triples.

Si vous entrez dans une de ces catégories, vous savez maintenant pourquoi votre jeu ne s'est pas amélioré. D'un autre côté, vous avez une petite idée de ce que vous allez devoir faire pour parvenir à jouer le golf de vos rêves. Dites-vous d'abord que vous voulez devenir un bon golfeur et que vous avez le talent nécessaire pour y arriver, puis adoptez un programme d'entraînement efficace, qui vous permettra de vous améliorer. Il est important que vous restiez fidèle à ce programme jusqu'au bout. Les résultats ne seront pas immédiats, vous le savez. Il vous faudra faire preuve de patience et de persévérance, mais tenez bon, car vous pouvez y arriver. Il se pourrait même que vous deveniez maître golfeur. Pourquoi pas ? Je ne peux évidemment pas vous garantir que vous atteindrez tel ou tel niveau, mais je puis vous assurer qu'au bout du compte votre handicap sera nettement meilleur.

Engagez-vous résolument sur la voie du perfectionnement... et vous découvrirez à coup sûr la réelle mesure de vos capacités.

J'ai récemment joué une partie de golf avec le célèbre tennisman Ivan Lendl et cela m'a rappelé à quel point le processus de perfectionnement pouvait être satisfaisant. Vous savez bien sûr qu'Ivan ne joue plus au tennis professionnellement depuis plusieurs années. Mais ce que vous ignorez sans doute, c'est que depuis qu'il a pris sa retraite, il consacre beaucoup de temps au golf, déterminé à explorer jusqu'au bout son potentiel de golfeur. En tant que tennisman, il a été couvert de gloire, ayant remporté plusieurs championnats majeurs et gagné des dizaines de millions de dollars. Voilà un homme qui n'a plus rien à prouver et qui pourrait faire ce qu'il veut de sa vie. Or, son nouvel objectif est de devenir un meilleur golfeur. Ses années de compétition au tennis lui ont appris une chose qu'il applique maintenant à son apprentissage du golf : *Faire l'effort de s'améliorer est une satisfaction en soi.*

Cette vérité s'applique également à vous.

Devenir un bon golfeur est une quête d'excellence. Or, il est important que vous compreniez que, quel que soit le sport ou le métier que l'on pratique, toutes les quêtes d'excellence se ressemblent.

Admettons que vous êtes avocat et que vous excellez dans ce domaine, eh bien, vous n'êtes pas arrivé au sommet de votre profession comme ça, sans avoir eu à faire d'efforts ou à travailler. En fait, c'est lorsque vous étiez enfant et que l'on vous a appris à lire et à écrire que le processus s'est enclenché. Puis, graduellement, au fil des années, vous avez acquis les connaissances et les compétences requises pour exercer le droit avec brio. Lorsque vous étiez au secondaire, peut-être avez-vous appris à débattre un sujet au sein d'un groupe de discussion. Au niveau collégial, sans doute avez-vous acquis des notions de méthodologie de recherche et de psychologie. Lors de vos études universitaires, des connaissances juridiques plus pointues se sont ajoutées à ces habiletés fondamentales. Après avoir passé l'examen du barreau, vous avez été engagé par une firme d'avocats à titre d'associé. Au début de votre carrière, vous avez beaucoup appris en écoutant et en observant vos supérieurs.

Durant toutes ces années d'apprentissage, vous avez cru en votre vision. En votre for intérieur, vous étiez convaincu que vous deviendriez un avocat hors pair. Cette conviction vous a permis de traverser les moments difficiles, vous a accompagné alors que vous passiez de longues nuits à étudier.

Bien que vous ayez accompli l'essentiel du travail vous-même, vous avez rencontré en cours de route des personnes qui vous ont guidé, qui vous ont permis d'apprendre et de progresser plus rapidement, plus efficacement que vous ne l'auriez fait si vous aviez été seul.

De même, au golf, il est bon d'avoir un mentor.

CHAPITRE 2
Le choix d'un moniteur

Et comment fait-on pour se trouver un mentor ? Eh bien, il faut procéder exactement comme si on se cherchait un bon chirurgien. Si vous deviez vous faire opérer, vous ne mettriez pas votre vie entre les mains du premier médecin venu, n'est-ce pas ?

Vous feriez des recherches afin de trouver le meilleur chirurgien possible pour le type d'opération que vous devez subir. Après avoir obtenu quelques noms, vous contacteriez alors des personnes qui ont déjà été opérées par ces chirurgiens pour leur demander si elles sont satisfaites des résultats. Procédant par élimination, vous vous retrouveriez finalement avec une liste de deux ou trois noms. Vous prendriez ensuite rendez-vous avec chacun de ces médecins afin de vous enquérir de leurs méthodes, mais aussi pour avoir une idée de leur personnalité. Ce n'est qu'après avoir fait tout cela que vous fixeriez votre choix.

Comme je le disais, il faut s'y prendre de la même manière pour choisir un instructeur de golf. Commencez par vous informer. S'il y a dans votre entourage des personnes qui prennent des leçons, posez-leur des questions. Demandez-leur si leur moniteur les a aidées à véritablement s'améliorer. Connaissez-vous quelqu'un qui a commencé au niveau où vous êtes actuellement et qui, grâce à son instructeur, est parvenu au handicap que vous désirez atteindre ? Si oui, obtenez les coordonnées de ce moniteur et entrez en contact avec lui.

Notez que la plupart des clubs de golf autorisent leurs pros à donner des leçons à des « non-membres ». Rien ne vous oblige donc à prendre des cours du pro de votre club. Si vous estimez qu'il n'est pas le mentor dont vous avez besoin, ne craignez pas d'orienter vos recherches ailleurs. Il essaiera sans doute de vous vendre sa salade – il s'agit après tout de son gagne-pain –, mais soyez ferme et ne vous laissez pas influencer.

Cela dit, il y a d'indéniables avantages à travailler avec le pro du club où vous comptez jouer et vous exercer. Entre autres choses, cette personne vous verra beaucoup plus souvent que l'instructeur d'un club où vous n'iriez qu'une ou deux fois par mois, spécifiquement pour y prendre des leçons. Le pro de votre club est à même de vous observer sur le terrain d'exercice en dehors de vos heures de cours, ce qui lui permettra d'identifier et de corriger rapidement vos mauvaises habitudes. Et puis il y a aussi le fait qu'il vous sera sans doute plus facile de réserver et de coordonner votre temps de leçon avec lui plutôt qu'avec un instructeur évoluant dans un autre club. Vous devez cependant éviter de faire un choix par commodité, simplement parce que cela vous simplifie la vie. Le plus important, c'est que vous soyez certain d'avoir choisi le moniteur qui vous convient. Il vous faut avoir une confiance absolue en cet individu et en ses capacités d'enseignant – vous devez avoir l'intime conviction qu'il vous aidera à vous améliorer. Il est impératif que vous fixiez votre choix sur une personne qui vous inspire une telle confiance, et ce même si cela vous occasionne des déplacements supplémentaires.

Une fois que vous aurez identifié deux ou trois pros susceptibles de vous intéresser, entrez en contact avec eux et convenez d'un rendez-vous préliminaire. Quantité de golfeurs préfèrent tout de suite s'inscrire pour une leçon et omettent cette rencontre préliminaire. Ils arrivent à leur premier cours bâton en main, s'imaginant que l'instructeur leur révélera de profonds et mystérieux secrets concernant la mécanique de l'élan. La vérité est qu'ils ne connaissent rien de ce moniteur et qu'en retour celui-ci ne sait rien de leurs capacités ni de leurs ambitions de golfeurs. Quand les collèges américains recrutent de nouveaux étudiants athlètes, il y a une période pendant laquelle les parties concernées se jaugent mutuellement, discutent de leurs besoins respectifs et de ce que chacune peut offrir à l'autre. Je vous conseille de faire de même avec un instructeur potentiel : prenez votre temps, apprenez à mieux le connaître et échangez avec lui avant de vous engager définitivement. Et n'allez surtout pas croire qu'il vous rend service en acceptant de vous donner des leçons ! En fait, c'est plutôt vous qui lui rendez service. Tout bon instructeur s'estimera chanceux d'avoir des élèves qui, comme vous, se sont fixé des buts et sont prêts à trimer dur pour les atteindre.

Dites aux candidats que vous rencontrerez que vous êtes à la recherche d'un instructeur qui vous aidera à exploiter votre plein potentiel et que vous êtes prêt à consacrer temps, efforts et énergie à la réalisation de vos objectifs. Voyez ensuite s'ils réagissent favorablement à ce genre de déclaration. Et n'oubliez pas que vous êtes en quête d'un maître qui a l'habitude d'enseigner à des joueurs de votre niveau ; inutile donc de perdre votre temps avec un pro qui n'aime pas travailler avec des golfeurs de calibre moyen. Les pros que vous considérerez doivent répondre aux critères que vous vous êtes fixés : demandez-leur de vous décrire leur philosophie d'enseignement ; enquérez-vous de leurs tarifs ; informez-vous quant à leur disponibilité. Comptent-ils rester dans la région ou prévoient-ils s'établir ailleurs dans un proche avenir ? À leur avis, combien de temps devrez-vous consacrer à l'entraînement entre chaque cours ? Les objectifs que vous visez sont-ils réalistes pour un joueur de votre âge et de votre calibre ? Que vous faudra-t-il faire pour parvenir au niveau que vous désirez atteindre ?

Posez-leur ces questions et laisser leurs réponses guider votre choix.

Dans votre quête de l'instructeur idéal, songez que *les attentes qu'entretient un enseignant envers un élève ont toujours un impact majeur sur les progrès et les performances de cet élève.* Il y a quelques années, une étude fort intéressante effectuée auprès d'élèves du primaire a démontré la véracité de cet axiome. Lors de cette étude, on a dit aux professeurs participants qu'une moitié de leur classe serait composée d'élèves au quotient intellectuel élevé tandis que l'autre moitié serait constituée d'élèves au quotient intellectuel plutôt bas. Dès le début de l'expérience, les enseignants savaient quels élèves étaient censés être brillants et lesquels étaient soi-disant des cancres. En vérité, les élèves de ces groupes d'étude avaient été sélectionnés au hasard. Les Q.I. fictifs avaient eux aussi été attribués au hasard et ne représentaient aucunement le quotient intellectuel réel de chaque étudiant. Au terme de l'expérience, les résultats sont venus confirmer ce que pensaient les chercheurs, à savoir que les élèves dont le Q.I. fictif était élevé avaient eu plus de succès que les autres. En définitive, l'étude a clairement démontré qu'un professeur agit différemment selon qu'il considère qu'un élève est doué ou non. La qualité de l'enseignement serait donc directement reliée aux attentes du professeur. C'est ce qu'on appelle l'effet Pygmalion.

Les pros de golf ne sont pas à l'abri de l'effet Pygmalion. Un instructeur qui voit en vous un futur maître golfeur vous apprendra volontiers tout ce que vous devez savoir pour atteindre ce niveau. Plutôt que de trouver des solutions expéditives à vos problèmes, il s'efforcera de corriger vos travers et de vous inculquer une saine technique de base. Il prendra le temps de vous enseigner la gestion du parcours et le petit jeu dans leurs moindres détails. Il est évident que très peu de pros vous diront dès la première leçon qu'ils feront de vous un maître golfeur. Avant d'évaluer votre potentiel, l'instructeur devra se faire une idée de vos capacités et connaître aussi la façon dont vous travaillez. De votre côté, vous devez juger, lors de la rencontre préliminaire et au cours des premières leçons, de l'enthousiasme et de l'attitude générale du moniteur. Si vous avez l'impression qu'il nourrit peu d'espoirs à votre endroit, s'il semble croire que vous êtes incapable de vous améliorer, alors ce n'est pas l'entraîneur qu'il vous faut. Au golf, l'excellence ne s'acquiert qu'au prix d'un entraînement long et ardu ; c'est pourquoi il vaut mieux s'engager sur cette voie en compagnie d'un maître qui croit réellement en nous.

Ce n'est pas nécessairement au club de golf le plus exclusif de votre région que vous trouverez l'instructeur idéal. Bon, j'admets que la majorité des clubs cossus ont d'excellents pros – même que l'on trouvera dans certains des entraîneurs réputés dans le monde entier et dont les tarifs s'élèvent à plusieurs centaines de dollars la leçon. La fabuleuse réputation de ces moniteurs mythiques n'est certes pas toujours surfaite; dans bien des cas, leurs conseils valent leur pesant d'or. Cela dit, il n'est pas nécessaire de dépenser une fortune ni de parcourir les continents pour trouver un bon instructeur.

Un instructeur comme Gene Hilen, par exemple.

Le golfeur désireux de prendre des leçons avec Gene Hilen prendra l'autoroute 60 à partir de Frankfort, Kentucky. Après avoir croisé une station-service et quelques relais routiers, il engagera son véhicule dans le parc municipal Juniper Hills. Par-delà la piscine et les tables de pique-nique, il découvrira un petit bâtiment en briques : c'est la boutique du pro. Après avoir garé sa voiture, notre golfeur pénétrera dans la modeste bâtisse. Près de l'entrée, un écriteau informe le visiteur que les armes à feu sont interdites sur les lieux.

Ce n'est pas que les armes offensives représentent ici une menace constante. Gene Hilen enseigne le golf à Juniper Hills depuis de nombreuses années, or il ne se souvient que d'un seul incident impliquant un individu armé. Le type en question n'était d'ailleurs pas là pour jouer au golf, mais pour surprendre son épouse en compagnie de son amant qui participait à ce moment-là à un tournoi. C'est Gene qui s'était chargé de calmer le mari cocu. Il l'avait cajolé, avait flatté son ego, l'avait convaincu de sa valeur, bref, il l'avait gratifié du même traitement dont bénéficiaient ses élèves de golf. Ce sacré Gene est finalement parvenu à convaincre le bonhomme que sa vie amoureuse était au beau fixe ! Inutile de préciser qu'il n'a pas son pareil pour redonner confiance à un golfeur démotivé.

De telles tribulations ne sont certes pas monnaie courante à Juniper Hills. Ici, le temps s'écoule en général fort paisiblement. Dans le petit bâtiment en briques, une poignée d'habitués joue aux cartes dans un coin; un inventaire sommaire, composé de casquettes, de chemises et de quelques balles et bâtons sommeille sur les rayons tandis que derrière le comptoir, une gentille dame se charge d'encaisser les dix dollars que vous allez payer en droits de jeu. À ce prix, il s'agit véritablement d'une bonne affaire. Le parcours de Juniper Hills arbore des trous relativement courts aux allées larges et spacieuses ; la pelouse est fournie et les verts présentent une architecture en soucoupe inversée à la Donald Ross. Tous les ans, en septembre, les professionnels du coin se disputent la « Coupe du gouverneur », tournoi organisé par Gene lui-même. Le parcours est suffisamment facile pour assurer la victoire à quiconque réussit une ou deux parties d'environ 65.

Le matin, quand il y a beaucoup de monde, on retrouve Gene au micro ; c'est lui qui appelle les golfeurs au départ du premier trou. Le dimanche, il chante *Amazing Grace* a cappella avant le début de la première partie et, tout au long de la journée, sa voix résonne sur la sono, interpellant tel golfeur, commentant le jeu de tel autre. « Ça, c'est le pire coup que j'aie vu de toute ma vie ! », l'entendra-t-on parfois s'exclamer. Eh oui, ce cher Gene aime bien blaguer.

Les jours de semaine, Gene passe le plus clair de son temps sur une petite aire gazonnée nichée entre le premier et le dix-huitième trou. C'est là qu'il donne ses leçons. Au centre du terrain trône une drôle de machine à balles, mécanique insolite qui confère à l'endroit une allure quelque peu surréaliste. La machine remplit néanmoins admirablement sa fonction : à l'âge de soixante et un ans, Gene n'est plus d'humeur à se pencher à tout bout de champ pour déposer des balles sur un té. Un vieux pneu de camion complète ce matériel d'enseignement sophistiqué, objet dont Gene se sert comme point d'impact pour démontrer à ses élèves la position de mains à adopter au moment où le bâton frappe la balle. Et nulle trace ici d'ordinateurs ou de caméras ! De toute évidence, Gene n'est pas un grand amateur de haute technologie.

Quand Gene donne une leçon, il commence par demander à son élève de lancer une balle de golf de la même manière qu'il lancerait une pierre pour la faire rebondir à la surface de l'eau. Voilà près d'un demi-siècle que l'instructeur de Juniper Hills a associé ce mouvement au golf. Gene est le benjamin d'une famille de quatorze enfants et il a commencé à travailler comme cadet au Lexington Country Club à l'âge de neuf ans. Il avait pris l'habitude de dormir sur le parcours durant les chaudes nuits d'été, confortablement blotti au creux d'une fosse de sable avec, en guise de couverture et d'oreiller, des serviettes qu'il avait chipées à la piscine du club. Dès l'aube, il se rendait dans l'enclos des cadets pour y passer un bon coup de balai et polir les bâtons, tout cela dans le but d'impressionner le pro du club, un Écossais du nom de Alec Baxter. Gene voulait que ce dernier lui permette de faire deux parties de cadet pendant la journée au lieu d'une seule. Chaque sac de golf qu'il portait pendant une partie lui rapportait entre soixante-quinze cents et un dollar, argent dont la famille Hilen avait grand besoin.

Le jeune Gene était également chargé de récupérer les balles sur le terrain d'exercice, quand monsieur Baxter donnait ses leçons. C'est à une de ces occasions qu'il a remarqué que l'élan d'un golfeur ressemble étrangement au mouvement que l'on fait en lançant des galets pour qu'ils sautillent à la surface de l'eau. Gene s'amusait souvent à ce jeu... jusqu'au jour où il a malencontreusement décapité un canard qui pataugeait dans un des obstacles d'eau du parcours. Le club, estimant qu'il s'agissait là d'un acte de vandalisme, renvoya le pauvre Gene séance tenante.

Lorsque, sans emploi, il rentra à la maison, Gene raconta l'incident à sa mère. Madame Hilen ne se montra pas spécialement compréhensive : elle alla couper une branche de saule au jardin et s'en servit pour administrer une solide correction au malheureux petit chômeur. Ne faisant ni une ni deux, elle a ensuite traîné son fils jusqu'au Lexington Country Club pour plaider sa cause auprès d'Alec Baxter. « Mon garçon fera le nécessaire pour réparer le dommage qu'il a causé à votre propriété, a assuré la veuve. Mais, je vous en supplie, il faut absolument que vous le laissiez travailler. »

Touché par le plaidoyer de la mère, Alec Baxter accepta de réengager le petit Gene.

Gene est resté à l'emploi du Lexington Country Club pendant plusieurs années, d'abord en tant que cadet, puis à titre de pro assistant. Entre-temps, il a obtenu son diplôme d'études secondaires, s'est marié et a fondé une famille bien à lui. Comme golfeur, il se débrouillait vraiment bien. Un jour, il a raté de peu une belle occasion de remporter un joli magot. La chose était indirectement liée à la marque qu'il a obtenue lors d'un tournoi local.

Au dernier trou de ce tournoi, Gene n'avait plus qu'un roulé de 5 pieds à empocher pour finir avec un 67 et rafler le titre. Larry Gilbert, un excellent golfeur qui évolue aujourd'hui sur le circuit senior, talonnait Gene de près. Pendant qu'il se préparait à exécuter son dernier coup, Gene s'est mis à penser que si Larry réussissait un 68 et que lui-même ratait ce roulé, ils seraient forcés de jouer un tour éliminatoire. L'esprit de Gene était si encombré de ces idées qu'il a complètement raté la coupe. Par bonheur, son 68 lui a tout de même valu la victoire. Il était très satisfait de lui-même, mais ce qui s'est passé ensuite l'a quelque peu refroidi. Voyez-vous, Gene aimait parier sur les courses de chevaux après une bonne journée de golf. Il utilisait toujours les deux chiffres de sa dernière marque pour placer sa mise, le premier chiffre étant le numéro du cheval gagnant et le deuxième chiffre, celui de la seconde place. Ce jour-là, la combinaison gagnante était le 6 et le 7. Gene avait misé le 6 et le 8. S'il avait réussi sa marque de 67 durant le tournoi, il aurait empoché 7 200 $!

Déçu, Gene a néanmoins tiré une importante leçon de cette expérience, à savoir que, sur le parcours, un golfeur ne doit jamais permettre à son esprit d'errer. Pour être en mesure de se concentrer, il doit toujours rester ancré dans l'instant présent.

La première fois où Gene a travaillé comme pro, c'était sur un petit parcours de neuf trous à Mount Sterling, au Kentucky. En plus de donner des leçons, il était responsable de l'entretien du parcours et de la piscine. Aujourd'hui, il est encore capable de soigner un vert et de réparer un filtre de piscine, toutefois c'est dans l'enseignement qu'il a trouvé sa vraie vocation.

Avant de commencer à donner des leçons, Gene a lu et relu le livre dans lequel Ben Hogan traite de l'élan. Tout au long de sa carrière d'instructeur, de Mount Sterling à Juniper Hills, Gene Hilen a étudié les archives vidéo de tous les grands golfeurs, à commencer par Bobby Jones. Il a également participé à quantité de séminaires de golf. En cours de route, il a grappillé une foule d'informations concernant l'élan, non pas auprès d'amateurs, mais de professionnels réputés.

En tant qu'instructeur, Gene favorise une approche didactique simple et directe. Ses élèves mettent beaucoup de temps à travailler leur prise de position initiale – position des pieds, répartition du poids, etc. Gene leur apprend ensuite à effectuer correctement leur montée. Une fois que l'élève a maîtrisé ces aspects de l'élan, Gene ne lui embrouille pas l'esprit en le bombardant d'informations superflues : il lui dit tout simplement de faire pivoter ses hanches et le haut de son corps comme s'il lançait un galet à la surface d'un étang.

« Si vous avez suffisamment de coordination motrice pour mettre une balle dans le lave-balle, dit-il avec un petit sourire narquois, alors vous avez les capacités physiques nécessaires pour jouer au golf. Cela dit, j'ai remarqué qu'il est plus difficile d'enseigner le golf à une personne qui a les jambes arquées. »

C'est par l'entremise d'un de mes bons amis, Rob McNamara, que j'ai connu Gene. Rob a commencé à travailler avec lui à l'âge de treize ans. Le grand-père de Rob avait été golfeur professionnel et son père, un excellent amateur, était membre du club local. Le jour où ce dernier a jugé que son fils était prêt à apprendre à jouer au golf sérieusement, il l'a emmené voir Gene Hilen.

Gene sait comment s'y prendre avec les enfants. Lorsqu'il donne des cours pratiques, il les fait chanter, danser et lancer des balles de golf. Grâce à ces jeux, les bambins apprennent à se servir de leurs mains et à transférer leur poids. Gene les initie ensuite au maniement du bâton. À Juniper Hills, derrière la boutique du pro, il y a un baril plein de vieux bâtons que ces golfeurs en herbe peuvent utiliser.

Après avoir enseigné aux bambins les règles de jeu et de bienséance qui s'appliquent au golf, Gene leur fait jouer des parties de quatre trous. Les enfants qui jouent trois 26 de suite accéderont à ce que Gene appelle le niveau C ; ceux qui répètent l'exploit se rendront ensuite au niveau B, et ainsi de suite. Les jeunes qui obtiennent une marque inférieure à 100 sur dix-huit trous auront la permission de participer aux tournois habituellement réservés aux adultes.

Gene prend éventuellement sous son aile les garçons et les filles qui s'appliquent et qui ont du talent. Ces jeunes joueurs et joueuses d'exception doivent lui rédiger des rapports dans lesquels ils décrivent ce qu'ils ont appris durant leurs leçons. Gene surveille également d'un œil vigilant leurs bulletins scolaires. Il leur trouve de petits travaux à faire – nettoyer les chariots, ratisser les fosses de sable, enlever des mauvaises herbes – afin qu'ils puissent passer plus de temps au club et, conséquemment, qu'ils aient plus de temps pour jouer au golf et s'exercer. Comme le dit si bien Gene : « Ils doivent apprendre qu'il faut travailler pour tout dans la vie. Rien n'est gratuit. »

Bien que, techniquement, l'aire où Gene donne ses cours soit strictement réservée aux leçons, il permet néanmoins aux enfants d'utiliser cet espace pour s'exercer – à condition bien sûr qu'ils ramassent ensuite leurs balles.

Rob McNamara n'a jamais pris de leçons en bonne et due forme avec Gene Hilen, cependant il se souvient que ce dernier était toujours disponible pour lui donner des conseils. « Il ne m'a jamais dit qu'il n'avait pas le temps de me montrer quelque chose, de raconter Rob. Si je lui disais que j'avais des problèmes avec mes sorties en explosion, alors il venait avec moi au vert d'exercice et me faisait frapper quelques balles à partir d'une fosse de sable. Il observait comment je m'y prenais, puis il commentait ma technique. "Il faut que tes pouces aboutissent au ciel, petit, disait-il. Et n'aie pas peur de mettre du sable partout. Il faut que ça éclabousse ! " »

Rob a suivi les conseils de Gene et, graduellement, son jeu s'est amélioré.

Gene a aussi beaucoup travaillé l'aspect mental du golf avec Rob. Comme la plupart des golfeurs, Rob était parfois franchement désespéré de la piètre qualité de son jeu. « À l'époque, je rendais les armes au moins une fois par semaine », avoue-t-il aujourd'hui.

C'est à quatorze et à dix-huit ans que mon copain Rob a connu ses périodes les plus difficiles. Dans les deux cas, à cause de son âge, il s'est vu transféré dans une classe supérieure où la compétition était plus féroce et il a eu beaucoup de mal à s'adapter à cet état de chose.

« Gene m'a toujours encouragé, raconte-t-il. Je me souviens qu'il me disait : "C'est toi le meilleur, petit. Au point où tu en es, ce serait vraiment ridicule de tout laisser tomber." »

« Lorsque mon jeu se portait bien, Gene décortiquait ma technique et se montrait plus sévère. Mais quand les choses allaient mal et que mon moral était au plus bas, il m'alimentait alors de pensées positives. Gene n'avait pas son pareil pour me remettre sur la voie lorsque j'étais trop dur envers moi-même. »

C'est en faisant du golf une activité amusante que Gene a su soutenir l'intérêt de jeunes golfeurs comme Rob. Par temps froid, il lui arrive d'organiser une compétition de roulés à même le sol de la boutique du pro : les participants commencent tout au fond, près de l'entrée arrière, puis doivent faire rouler leur balle le plus près possible du mur opposé, quelque 50 pieds plus loin.

Certains après-midi, il lance ses jeunes élèves dans un concours de golf « cross-country ». Le principe de ce jeu est simple : partant du tertre de départ d'un trou donné, on doit envoyer sa balle jusqu'au vert d'un trou adjacent pour l'empocher. On frappera par exemple son coup de départ à partir du tertre du premier trou, mais en visant le vert du troisième trou. Gene organise aussi des matchs où le meilleur joueur doit affronter les autres en ne se servant que de son fer n° 2.

Juniper Hills étant situé aux abords de l'aéroport Capital City, Gene encourage parfois ses élèves à essayer d'atteindre, pour le plaisir, les petits avions qui passent dans les parages avec leur bois n° 1. Ils n'y sont naturellement – et fort heureusement – jamais parvenus.

Mais Gene Hilen sait mieux que quiconque qu'il y a un temps pour s'amuser et un temps pour s'appliquer et travailler. Il prend ses fonctions d'instructeur très au sérieux. Au fil des années, il a initié des milliers de néophytes aux plaisirs du golf. Bon nombre de ses protégés sont devenus des joueurs redoutables et une cinquantaine d'entre eux ont obtenu des bourses d'études collégiales grâce à leurs talents de golfeur. Plusieurs autres ont remporté de prestigieux championnats amateurs au Kentucky. À l'âge de vingt et un ans, après avoir travaillé pendant huit années avec Gene, Rob McNamara avait un handicap de +5, ce qui représente 5 coups de mieux que le niveau de maître golfeur.

Tout cela revient à dire que la qualité de l'enseignement que dispense un pro n'est pas nécessairement proportionnelle à ses tarifs. Ce qui fait un bon instructeur, c'est la satisfaction qu'il ressent en aidant ses élèves à progresser. Il doit afficher une réelle dévotion pour le golf ainsi que pour sa profession ; en d'autres mots, il doit avoir la vocation. Un bon instructeur se reconnaît à sa capacité de communiquer efficacement son savoir. Il est également capable de communiquer franchement et ouvertement avec ses élèves – ce qui constitue, tout bon enseignant sait cela, un autre ingrédient essentiel de la relation élève-mentor.

Un autre de mes amis, Hank Johnson, est pro au club Greystone de Birmingham, dans l'Alabama. Quand il rencontre un nouvel élève pour la première fois, il ne le fait pas sur le parcours ou sur le terrain d'exercice, mais tranquillement attablé devant un bon café. Bien entendu, Hank ne fait pas payer le client pour cet entretien préliminaire. Il se présente devant lui avec une liste de choses qu'il veut savoir à son sujet. Outre les informations générales comme son âge et son expérience en tant que golfeur, Hank cherche à déterminer si l'élève veut prendre des leçons pour corriger un défaut en particulier – crochet involontaire, instabilité de l'élan, etc. Il veut également savoir quels sont les objectifs du nouvel élève. Veut-il tout simplement bien se débrouiller et se sentir à l'aise, même s'il ne joue qu'à l'occasion ? Veut-il disputer et même remporter des championnats locaux ? Peut-être entretient-il de plus ambitieuses aspirations – participer à des compétitions de niveau amateur au niveau régional ou national, par exemple ; ou, pourquoi pas, jouer sur le circuit professionnel. Hank cherche également à établir combien de temps l'élève peut consacrer aux leçons et à l'entraînement.

En s'appuyant sur ces informations, Hank suggère ensuite à l'élève un programme d'entraînement adapté à ses besoins. Ce n'est qu'une fois qu'ils sont d'accord sur tous les points de ce programme que maître et élève se rendent sur le terrain d'exercice.

Cette étape préliminaire est extrêmement importante. Tout bon moniteur sait qu'un élève progressera mieux et plus rapidement si on l'inclut dans la planification de son entraînement. Il faut donc en premier lieu établir un plan de travail auquel instructeur et élève se tiendront par la suite. À mon sens, il s'agit là d'un principe fondamental.

Mais ce ne sont pas tous les moniteurs et tous les élèves qui choisiront de communiquer d'une façon si posée et si rigoureuse. Prenez par exemple le cas de Pete Mathews, pro en titre au New Orleans Country Club, et de Paul Buckley, un de ses meilleurs élèves.

Il y a quelques années, Pete et Paul formaient équipe dans une compétition pro-am à Hattiesburg, dans le Mississippi. À l'époque, le handicap de Paul tournait autour de 15. Après le tournoi, sur le chemin du retour, Paul a demandé à Pete ce qu'il pensait de sa performance.

Ce fut là un moment crucial de leur relation maître-élève. En pareille situation, quantité de jeunes instructeurs auraient joué de finesse en donnant à leur disciple une réponse polie et évasive. La plupart d'entre eux évitent de critiquer trop franchement leurs élèves parce que, finalement, leur emploi dépend du niveau de satisfaction de ces derniers – un pro qui ne fait pas l'unanimité auprès des membres de son club aura tôt fait d'être congédié ! À défaut de devenir de grands communicateurs, ces instructeurs deviennent d'habiles diplomates.

Mais Pete Mathews, lui, n'est pas devenu pro de golf pour faire de la diplomatie. Son but est d'enseigner le golf, un point c'est tout. Aussi s'est-il montré franc et direct avec son élève : « Paul, lui a-t-il annoncé tout de go, ton petit jeu est vraiment mauvais. » (Notez que si j'écris « mauvais », c'est uniquement pour épargner la sensibilité du lecteur ; le terme exact que Pete a employé ce jour-là était beaucoup moins flatteur.)

Pete savait que son élève ne se formaliserait pas de son franc-parler. Paul Buckley n'est pas homme à tergiverser : il veut qu'on lui dise les choses sans ambages. Sans compter que, de sa vie, ce n'était pas la pire nouvelle qu'on lui ait annoncée. En 1986, il avait pris en charge le Hilton de la Nouvelle-Orléans qui accusait alors un déficit de neuf millions de dollars par année. Grâce au talent de gestionnaire de son nouveau directeur, l'hôtel est bientôt devenu le plus rentable de toute la chaîne. Quelques années plus tard, vers la fin des années 1980, Paul Buckley tomba malade. On diagnostiqua la maladie de Crohn, cette douloureuse affection qui cause une grave inflammation des intestins. Paul a d'ailleurs failli en mourir. En dernier ressort, les médecins lui ont prescrit un traite-ment très spécialisé au cours duquel le patient est hospitalisé pen-dant trente-six jours et nourri continuellement par voie intra-veineuse. De plus, aucun aliment solide ou liquide ne peut être ingéré oralement durant cette période.

Paul a profité de son séjour à l'hôpital pour affiner ses talents de golfeur – jusque-là, le golf n'avait été pour lui qu'un passe-temps occasionnel. Il a fait installer une bande de pelouse synthétique dans sa chambre, puis il s'est mis à étudier consciencieusement un livre exposant tous les secrets du coup roulé. Ces trente-six jours d'hospitalisation, Paul les a passés à faire rouler une balle sur ce vert de fortune tandis que le long tube de son intraveineuse pen-dillait derrière lui. Lorsque les médecins lui ont donné son congé, son élan avec le fer droit avait la régularité d'un pendule.

Le traitement prescrit par les médecins a malheureusement fait plus de bien à son coup roulé qu'à son état physique. Un an plus tard, Paul Buckley subissait une intervention chirurgicale au cours de laquelle on lui a enlevé un long segment d'intestin.

Confrontés à de tels problèmes de santé, bon nombre d'entre nous auraient tout simplement abandonné le golf. Mais Paul, lui, ne voyait pas les choses de cet œil. Loin de se laisser abattre, il est parti en quête d'un modèle, d'une personne susceptible de l'inspi-rer par son exemple. Il voulait avoir la certitude que la vie qu'il désirait, que les rêves de golf qu'il entretenait étaient possibles. Ce modèle se manifesta en la personne de Al Geiberger, un excellent joueur qui évoluait au sein du circuit senior et qui, tout comme Paul, avait subi une iléostomie. Paul devint un de ses plus fervents admirateurs. Il s'est même procuré une copie de la carte de poin-tage que Al avait remise à l'issue du Memphis Classic de 1977, tournoi qu'il avait remporté en réussissant une incroyable dernière partie de 59. Après avoir fait encadrer ce trésor, Paul l'a fièrement exposé dans le bar sportif du Hilton.

Paul en était là lorsqu'il a rencontré Pete Mathews. Il jouait au golf – ce qui en soi constituait un exploit remarquable –, mais ne faisait aucun progrès. Un instructeur franc et direct comme Pete était exactement ce dont il avait besoin. Après que ce dernier lui eut annoncé de but en blanc que son petit jeu était « mauvais », Paul a tout mis en œuvre pour améliorer cet aspect de son jeu.

Pendant une année entière, Paul Buckley a pris avec Pete Mathews des leçons destinées à perfectionner son petit jeu. Qui plus est, toutes ses séances d'exercice étaient dorénavant vouées au petit jeu. Il se rendait au club dès l'aube, s'entraînait, puis partait travailler. Ses partenaires du week-end ne comprenaient pas sa fureur nouvelle, son soudain désir de vaincre ; ils n'avaient aucune idée des efforts que Paul faisait pour devenir un meilleur golfeur.

Au bout d'un temps, tout ce travail a commencé à porter fruit : passant d'abord de 14 à 12, le handicap de Paul glissait bientôt sous la barre du 10. Les coups de départ de Paul ne sont pas particulièrement spectaculaires, néanmoins ils sont généralement bien contrôlés et atteignent 220 à 230 verges de distance. Sur la plupart des parcours, une performance de cet ordre, conjuguée à de bons coups d'approche et à de bons roulés, permet d'obtenir des marques de 80 ou mieux.

J'ai récemment reçu un petit mot de Paul. Chaque année, il joue dans le tournoi Metairie Seniors Invitational. Jusqu'à maintenant, il n'avait jamais pu dépasser le quatrième niveau, mais cette année il a concouru dans la classe « champion ». Il a réussi au premier parcours une marque de 77 et a battu un adversaire ayant un handicap de 5. « C'était le match le plus excitant de toute ma vie de golfeur », m'a-t-il écrit.

L'expérience de Paul Buckley démontre bien ce qu'on peut accomplir lorsqu'on refuse de se fixer des limites et que l'on se donne la peine de formuler un programme sensé et réalisable que l'on suivra jusqu'au bout. Et si Paul a pu autant progresser, c'est parce que son instructeur, Pete Mathews, a su ouvrir le dialogue en se risquant à le critiquer.

Pour que la relation soit mutuellement profitable, la communication entre maître et élève doit se faire dans les deux sens. L'élève doit se sentir suffisamment à l'aise avec son instructeur pour lui parler ouvertement et exprimer au besoin ses doutes et réserves. Si une méthode d'enseignement spécifique ne plaît pas à l'élève, le moniteur devra s'efforcer de trouver une autre approche. L'élève doit également avoir l'opportunité de dire, sans risque de se sentir idiot ou embarrassé, s'il comprend ou non les concepts que son instructeur tente de lui enseigner. De son côté, le moniteur ne doit pas considérer les interventions de son élève comme une atteinte à son autorité, mais plutôt comme une possibilité d'ouverture vers un enseignement plus complet et plus pointu.

Je suis certain que nous nous entendons tous sur le fait que ces règles sont pleines de bon sens, et pourtant, très peu de moniteurs et d'élèves parviennent à communiquer ensemble aussi librement. Trop souvent, le pro s'exprime dans un jargon technique que l'élève, sans vouloir l'admettre, ne comprend pas. Alors, anxieux de dissimuler son ignorance, il hoche la tête en signe de compréhension, mais une fois la leçon terminée il se rend compte qu'il n'a strictement rien appris.

Mon sentiment face à tout cela est très clair : si l'élève s'applique mais ne fait pas de progrès, c'est que l'instructeur n'adopte pas avec lui la bonne méthode d'enseignement. Je suis de l'avis qu'à la fin d'une leçon, le moniteur devrait demander à son élève de lui expliquer, dans ses mots à lui, ce qu'il a appris. Si l'élève s'avère incapable de faire cela, l'instructeur devra alors sérieusement songer à modifier son approche.

En conclusion, je dirais qu'il est beaucoup plus facile pour maître et élève de communiquer adéquatement si chacun ressent une mesure de responsabilité face à lui-même et à l'autre. Dans ce genre de relation, chacun doit prendre son rôle très au sérieux, sinon tout cela n'est qu'une vaste perte de temps, d'un côté comme de l'autre.

Chapitre 3
L'engagement ferme

J'ai récemment rencontré une golfeuse du nom de Alice Hovde. Son histoire illustre bien le rôle que jouent la patience, la persévérance et l'engagement dans le processus de perfectionnement.

Alice est une femme dans la cinquantaine, mince et exubérante. Elle vit une partie de l'année en Floride, près du club de golf Old Marsh, et le reste du temps dans l'Indiana où son mari, Boyd, avait jadis dominé le circuit amateur.

Alice ne connaissait rien au golf lorsqu'elle a épousé Boyd en 1981. Chose curieuse, ce n'est qu'après leur mariage que son conjoint lui a révélé l'importance du golf dans sa vie. Alice, pour sa part, n'avait aucune expérience athlétique – ses parents n'étaient pas des amateurs de sport. À l'école secondaire qu'elle avait fréquentée, les étudiantes avaient le choix de participer aux classes de gym ou de donner un coup de main dans les bureaux administratifs de l'institution. À la voie de la culture physique, Alice avait préféré le poste de commis de bureau.

Toutefois, après son mariage elle a vite compris qu'elle aurait une bien meilleure relation avec son nouvel époux si elle apprenait à jouer au golf, ne serait-ce que passablement. Elle voulait pouvoir jouer avec lui, partager sa passion, mais aussi être capable de parler golf avec ses copains de parcours. « Je me suis dit que si je commençais à m'intéresser à ce sport et à le pratiquer, je saurais au moins ce qu'ils veulent dire quand ils parlent de fer n° 5 et de cocheur d'allée », a-t-elle raisonné.

Alice a donc décidé de devenir golfeuse. Au départ, son but était d'arriver à jouer assez bien pour ne pas avoir honte d'elle-même lorsqu'elle jouerait avec son mari, dont les marques oscillaient généralement entre 70 et 75. Elle s'est dit que si elle parvenait à jouer en moyenne un coup de plus que lui par trou, elle deviendrait une rivale sinon redoutable, du moins respectable.

Alice Hovde a pris des leçons pendant quelques années et s'est entraînée assidûment. Elle n'avait cependant pas envisagé qu'il s'agirait d'une entreprise aussi exigeante. Au début, elle avait peine à viser la balle et la manquait parfois totalement. Lorsqu'elle parvenait à la frapper, ses coups rasaient le sol ou partaient dans tous les sens. Puis, petit à petit, à force d'acharnement, elle est arrivée à jouer dans les 90, ce qui dès le début avait été son objectif. Une fois ce jalon atteint, Alice a cessé de prendre des leçons et de s'exercer ; du coup, elle a cessé de s'améliorer. Elle aimait toujours jouer, mais elle a conservé pendant dix années un handicap de 20.

Estimant que cette décennie de stagnation suffisait et désireux de la tirer de son marasme, son mari, encouragé par tous leurs amis golfeurs, s'est brusquement mis à la houspiller pour qu'elle reprenne l'entraînement. De l'avis de tous ces gens, elle n'exploitait pas son plein potentiel. C'est à ce moment que, par pur hasard, Todd Anderson a été nommé pro en titre à Old Marsh.

Il faut comprendre que Todd est l'un des plus brillants instructeurs de sa génération. À l'époque où il fréquentait l'université de l'Alabama, il lui a été donné d'observer les plus grands instructeurs à l'œuvre à l'occasion de stages de perfectionnement organisés par la revue *Golf Digest*. Ce sont ces maîtres à penser qui lui ont révélé les secrets du golf et de son enseignement.

Au fil des années, Todd a développé un style d'enseignement très décontracté. Il n'a pas son pareil pour amener un élève à comprendre ses points faibles et à s'exercer de manière à assimiler correctement, complètement et intuitivement une nouvelle technique. D'aucuns peuvent l'apercevoir à toute heure du jour, sillonnant les pelouses de Old Marsh au volant d'une voiturette de golf remplie à ras bord de gadgets divers – tuyaux de caoutchouc, vadrouille, caméra vidéo, etc. Malgré leur apparence hétéroclite, ces objets font tous partie de sa méthode d'enseignement. De prime abord, il peut sembler idiot de répéter son élan avec une vadrouille entre les mains, néanmoins la résistance que l'élève éprouve lorsque la tête de la vadrouille brosse la pelouse est sensiblement la même que celle ressentie au moment de l'impact.

Après maintes hésitations, Alice a décidé qu'elle allait prendre une leçon avec Todd. Si elle hésitait à s'engager à nouveau sur cette voie, c'est que, comme la plupart des amateurs, elle avait peur de voir ses faiblesses exposées au grand jour. La simple idée d'avoir à frapper quelques balles sous l'œil critique d'un professionnel la rendait nerveuse.

Ce genre d'inquiétude n'a pourtant rien de bien logique. Quand vous avez des ennuis mécaniques avec votre voiture, vous prenez-vous à espérer que le problème disparaîtra comme par enchantement à l'instant précis où le mécanicien soulèvera le capot ? Bien sûr que non. Eh bien il en va de même pour le golf : vous ne devez pas craindre qu'un œil avisé observe vos lacunes. Remarquez que cette tendance est tout à fait naturelle. Un golfeur qui souffre d'un crochet extérieur involontaire s'efforcera généralement, devant un instructeur, de frapper la balle en ligne droite. L'élève cherche à dissimuler sa faiblesse parce qu'il ne veut pas que son maître pense qu'il est complètement nul. Vue sous cet angle, l'angoisse d'Alice est tout à fait compréhensible.

Il faut dire qu'elle s'inquiétait aussi de son âge. À cette époque, Alice avait quarante-huit ans.

Selon mon expérience, il n'y a pas d'âge pour apprendre. Bien des gens croient que notre capacité d'apprentissage diminue avec le temps, toutefois j'estime que cette diminution est due au fait qu'avec l'âge, nous devenons moins réceptifs aux idées nouvelles, aux façons de faire qui sont différentes de celles que nous connaissons déjà. Bien plus que notre corps, c'est notre esprit qui, au fil des ans, perd de sa souplesse.

L'autre problème, c'est que plus nous vieillissons et plus nous nous croyons malins. Nous sommes convaincus de savoir ce que nous pouvons et ne pouvons pas apprendre, si bien que nous nous imposons des limites qui finissent par saboter toutes nos tentatives d'apprentissage. Et si au bout du compte nous échouons, nous nous disons que nous savions depuis le début que les choses se termineraient ainsi. Notre échec devient de ce fait une sorte de témoignage de notre grande sagesse, alors qu'en réalité nous avons peur de faire l'effort nécessaire pour réellement progresser.

Prenez Satchell Paige, par exemple. Dû à la ségrégation qui sévissait à l'époque dans le baseball majeur, ce légendaire lanceur noir était déjà dans la quarantaine lorsqu'on lui a enfin permis de jouer professionnellement. Bien des gens voyaient en cela une tragédie, mais Paige, lui, refusait de s'apitoyer sur son sort. « L'âge, disait-il, c'est l'éternel combat de l'esprit contre la matière. En ce qui me concerne, tant que mon esprit tiendra le coup, je n'aurai pas matière à m'inquiéter. » Portés par le talent et l'attitude positive de leur lanceur, les Indians de Cleveland ont remporté le championnat de la ligue américaine en 1948. Paige avait alors quarante-deux ans.

Je ne voudrais pas non plus vous faire croire que l'âge est un facteur que l'on doive totalement ignorer. J'admets que dans certains cas, un golfeur ou une golfeuse plus âgé devra faire plus d'efforts qu'un jeune golfeur pour progresser. Il (ou elle) aura à porter une attention particulière à sa forme physique et devra faire des exercices pour assouplir et tonifier les muscles qui sont sollicités durant l'élan. Il se peut également que le golfeur et la golfeuse d'âge mûr aient à surveiller de plus près leur alimentation. Cela dit, il n'y a aucune raison pour qu'il ou elle ne puisse pas apprendre et progresser aussi bien qu'un golfeur plus jeune.

Le fait est que, dans le cadre d'un programme d'entraînement et d'apprentissage intelligent, quiconque s'applique et fait les efforts nécessaires verra éventuellement ses performances s'améliorer. De par sa nature même, le processus de perfectionnement est une expérience enrichissante.

Mais revenons-en à Alice Hovde. Lorsqu'elle s'est présentée à sa première leçon avec Todd, Alice aurait bien voulu avoir le sentiment qu'elle faisait un grand pas en avant. Mais à défaut de cette douce certitude, c'était de la peur qu'elle ressentait. L'idée qu'elle risquait de décevoir Todd et de se décevoir elle-même la faisait frémir.

Rongée par la hantise, elle a donné le change en jouant les fanfaronnes et en affichant un air blasé. D'emblée, elle a annoncé à son nouvel instructeur qu'elle ne serait sûrement pas une bonne élève et qu'elle ne comptait pas perdre son temps à s'exercer.

On imaginera aisément le genre de réaction qu'aurait l'entraîneur d'une équipe professionnelle face à pareille attitude. Que ferait
selon vous Pat Riley, entraîneur du Miami Heat, ou Pat Summitt
de l'université du Tennessee si un de leurs basketteurs leur annonçait qu'il ne comptait ni s'entraîner, ni suivre leurs directives ? Ils
le mettraient à la porte, ça, c'est certain !

Un pro de golf ne peut toutefois pas exercer la même emprise
sur ses élèves qu'un entraîneur de basketball sur son équipe. Les
joueurs de basket travaillent pour leur entraîneur tandis que les
moniteurs de golf, eux, sont au service du client et se doivent donc
de l'écouter et de le satisfaire. Là réside toute la différence.

Plutôt que de critiquer l'attitude d'Alice, Todd s'est aussitôt
employé à identifier les éléments de son jeu qui pouvaient être
améliorés avec un minimum d'entraînement. Observant, par exemple, qu'elle inclinait son corps vers la gauche à la prise de position
initiale, il lui a suggéré une posture plus équilibrée. Alice avait également tendance à agripper son bâton trop fort ; Todd lui a conseillé
d'alléger sa prise. Lors de cette première leçon, ses recommanda-
tions se sont à peu près résumées à cela. L'instructeur a quitté son
élève avec quelques mots d'encouragement, ne sachant pas si elle
voudrait de lui pour une seconde leçon. Avant de partir, il lui a rappelé que le golf est avant tout un jeu et qu'il ne fallait donc pas
qu'elle oublie de s'amuser en le pratiquant.

Cette première expérience avec Todd fut très éprouvante pour
Alice. Au début de la leçon, son esprit s'était complètement vidé et
elle avait eu l'impression d'avoir tout oublié ce qu'elle savait sur
le golf. Son élan avait été pitoyable et elle avait été incapable de
frapper correctement la balle. Elle était cependant ressortie de cette
épreuve avec l'intime certitude qu'il lui était possible de s'améliorer. Elle a finalement trouvé le courage de prendre une seconde

leçon au cours de laquelle elle s'est un peu mieux débrouillée. Todd a continué de l'encourager en lui assurant qu'elle avait le talent nécessaire pour devenir une excellente golfeuse, du moment bien sûr qu'elle était prête à persévérer. Cela signifiait, disait-il, qu'elle devait poursuivre les leçons et s'exercer régulièrement, ne serait-ce qu'un tout petit peu.

Pressentant que Todd avait raison, Alice s'est engagée à faire l'effort exigé. Leur relation s'en est trouvée transformée et, dès lors, l'attitude de l'élève récalcitrante et angoissée a changé du tout au tout.

« Avant de conclure ce pacte avec Todd, m'a-t-elle confié, j'étais terriblement tendue durant nos leçons. Par la suite, je suis devenue beaucoup plus décontractée. Je commençais enfin à sentir que ce que nous faisions était agréable et que nous cheminions ensemble vers un but commun. »

L'attitude du maître a elle aussi changé à partir de cet instant décisif. N'importe quel pro qui travaille pour un club de golf privé vous dira combien il est difficile de se trouver des élèves réguliers. La majorité de sa clientèle est typiquement occasionnelle, sporadique. Bon nombre de golfeurs et de golfeuses choisissent en effet, pour des raisons qui m'échappent, de ne prendre qu'une seule et unique leçon avec un instructeur donné. Lorsqu'un membre de Old Marsh appelle Todd pour lui demander de donner une leçon à un ami qui est de passage dans les environs, celui-ci essaie bien sûr de l'accommoder. Les seuls clients qu'il refuse sont ceux qui papillonnent de moniteur en moniteur en quête d'une solution miracle à leurs problèmes. Poliment, Todd leur fait rebrousser chemin en leur disant qu'il ne pourrait rien leur apporter de bon en une seule leçon.

Au bout du compte, ce que tout bon instructeur recherche, c'est un élève qui, comme Alice Hovde, s'engagera à suivre son enseignement et ses conseils sur une plus longue période de temps. Alice n'a pas essayé de faire croire à Todd qu'elle allait devenir une fanatique du golf ; elle lui a simplement promis de faire un effort et de s'exercer deux ou trois fois par semaine. Maître et élève convinrent que si elle n'avait pas eu ou pas pris le temps de s'exercer durant la semaine, alors la leçon serait reportée à une date ultérieure.

Todd a donc désormais adopté une approche fort différente avec Alice. Il l'a tout d'abord incitée à se fixer des objectifs précis. Il estimait qu'avant de quitter la Floride pour l'Indiana au début de l'été, elle serait en mesure de porter son handicap à 15. L'élève confirma qu'elle était disposée à travailler sérieusement en vue d'atteindre ce but. Ils s'attelèrent également à perfectionner l'élan d'Alice, s'efforçant de stabiliser la partie inférieure de son corps et de rectifier la rotation de son tronc et de ses épaules.

À la grande surprise de l'élève, les progrès ne se firent pas attendre : en cinq mois à peine, son handicap est passé de 20 à 15.

La saison suivante, Todd proposa de remplacer leurs leçons théoriques par des leçons pratiques qui auraient lieu sur le parcours proprement dit. Alice était très nerveuse à l'idée de jouer de vraies parties sous l'œil vigilant de son professeur, néanmoins elle accepta. Ses coups de départ s'étant beaucoup améliorés au cours de la dernière année, elle aboutissait régulièrement à une distance du vert qui permettait les coups d'approche quand elle jouait un trou à normale 4. Ces leçons pratiques en compagnie de Todd seraient donc l'occasion rêvée d'analyser puis de corriger sa technique pour ce type de coup.

En ce qui avait trait aux coups d'approche, Alice s'était jusqu'à maintenant contentée d'envoyer sa balle dans la direction générale du vert sans viser de cible précise. Or, Todd estimait qu'elle était maintenant prête à jouer plus hardiment. Lorsqu'elle avait un cocheur entre les mains, elle ne devait plus simplement s'efforcer d'atteindre le vert, elle devait chercher à réussir l'oiselet. C'est ainsi que, progressivement, Todd et Alice ont commencé à concentrer leurs efforts sur le petit jeu.

Cette année-là, le handicap d'Alice a continué de baisser, quoique ses progrès en ce sens se sont faits plus lents. Notez qu'il s'agit là d'un phénomène courant. Le joueur moyen dont on a rectifié l'élan aura moins tendance à calotter la balle ou à l'envoyer hors limite, ce qui fait qu'il évitera quelques coups supplémentaires et réduira son handicap en conséquence. Toutefois, après ce progrès initial, il devra redoubler d'ardeur pour abaisser son handicap ne serait-ce que d'un point. Or, c'est justement en fignolant son petit jeu que ce golfeur parviendra à améliorer davantage son handicap. En somme, plus vos performances s'amélioreront et plus il vous faudra vous armer de patience pour continuer à progresser.

Les leçons d'Alice ne portent plus sur la mécanique de l'élan comme c'était le cas auparavant. Todd cherche maintenant à affiner le jeu de son élève en s'assurant, par exemple, que celle-ci tient la face de son cocheur bien perpendiculaire à la cible lors des coups d'approche. L'instructeur insiste de plus en plus sur une bonne application des techniques de base. En ce sens, le golf n'est pas différent des autres sports. Les techniques propres à une discipline sportive donnée s'appuient invariablement sur des principes fondamentaux que l'on doit connaître et respecter. À l'occasion de leurs séances d'entraînement, les basketteurs de la NBA peaufinent sans cesse leurs techniques défensives et leurs lancers. De même, les footballeurs professionnels répètent inlassablement à chaque entraînement les mêmes manœuvres de blocage. Un bon golfeur, pour sa part, doit toujours viser à stabiliser ou à bonifier les éléments techniques de son jeu – prise de bâton, alignement, élan, etc.

Depuis qu'elle travaille avec Todd, Alice n'a pas arrêté de faire des progrès. Lorsque je l'ai rencontrée pour la première fois, elle venait de se fixer de nouveaux objectifs à atteindre pour la saison à venir. La tenace quinquagénaire voulait entre autres choses faire passer son handicap sous la barre du 10 et parvenir à jouer la normale sur neuf trous. J'ai appris par la suite qu'elle avait réussi ce dernier exploit en obtenant une marque de 35 sur le retour à Old Marsh. Quelques mois plus tard, elle m'annonçait qu'elle avait porté son handicap à 9.

L'un des facteurs clés de l'évolution d'Alice est bien sûr l'engagement – engagement envers un instructeur, mais aussi envers un programme d'entraînement spécifique. Tout golfeur désireux de s'améliorer devra tôt ou tard emprunter cette voie et s'engager, comme Alice Hovde, à suivre l'enseignement d'un moniteur compréhensif et qualifié.

Mais quiconque assume un tel engagement ne doit pas prendre la chose à la légère. Afin d'illustrer les différents degrés d'engagement possibles, je cite souvent l'exemple du déjeuner œufs et bacon. La poule et le porc ont dans ce repas des niveaux d'engagement bien différents : alors que la poule contribue au menu, le porc, lui, en fait partie. C'est là une nuance importante.

Pour progresser au golf, il faut *faire partie* du processus.

J'admets qu'il peut parfois s'avérer exigeant de rester fidèle à son programme d'entraînement. Si la chose était facile, nous serions tous sveltes, athlétiques et, quant au golf, nous jouerions tous dans les 1970. En dépit des difficultés que cela représente, vous

devez faire l'effort de vous engager sur une voie donnée et de respecter ensuite cet engagement. La perspective vous enthousiasme ?
Magnifique ! Sachez toutefois qu'on ne se lance pas à l'aveuglette
dans une entreprise de ce genre. Prenez le temps qu'il faut pour
choisir votre moniteur. Lorsque vous aurez trouvé un candidat
intéressant, prenez quelques leçons avec lui pour voir s'il vous convient vraiment. Prenez votre temps... mais songez que tôt ou tard
vous allez devoir fixer votre choix une fois pour toutes. Et j'insis-
terai encore sur le fait qu'il s'agit là d'un choix crucial. Dites-vous
que ce que vous cherchez, ce n'est pas simplement un instructeur,
mais un mentor.

Quel que soit le sport que l'on pratique, l'engagement envers une seule et unique source directrice demeure un élément
primordial. Un entraîneur professionnel ne verrait certainement pas d'un bon œil que ses joueurs aillent chercher conseil
auprès de l'entraîneur d'une autre équipe. Une équipe qui veut
s'améliorer et connaître le succès doit avoir foi en l'enseignement de son entraîneur, sinon elle ne pourra jamais s'exercer
en toute confiance, à l'abri du doute et des distractions.

De même, lorsque vous vous serez engagé vis-à-vis d'un moniteur, vous ne devrez plus suivre d'autres conseils que les siens. Vous
ne prêterez plus attention aux suggestions des autres golfeurs ni
à celles des experts qui dispensent leur sagesse dans les revues et
à la télévision. Si vous tombez par hasard sur une information qui
vous semble pertinente, vous en discuterez avec votre instructeur
avant d'apporter quelque changement que ce soit à votre jeu ou à
votre technique.

Tom Kite entretenait avec son entraîneur, Harvey Penick, une
relation exclusive de ce genre. Harvey ne pouvait pas accompagner
Tom dans ses déplacements sur le circuit professionnel et de son

côté, Tom ne pouvait pas toujours faire abstraction des conseils – généralement non sollicités, comme de bien entendu – que tout un chacun jugeait bon de lui prodiguer dès qu'il mettait les pieds sur le terrain d'exercice. Si une suggestion lui semblait tout de même intéressante, il en discutait toujours avec Harvey avant de l'appliquer. Si, par exemple, un instructeur réputé lui avait suggéré de faire davantage pivoter ses hanches durant l'élan et que cela lui semblait être une bonne idée, il en parlait à Harvey. Après avoir bien réfléchi à la chose, ce dernier lui disait ce qu'il en pensait. Si l'entraîneur jugeait, pour s'en tenir à l'exemple précédent, qu'une rotation accentuée pouvait être bénéfique à son protégé, il lui permettait d'adopter la technique, mais en prenant soin de l'avertir qu'il devrait alors changer deux ou trois autres éléments de son élan. Si Harvey jugeait que la modification proposée ne s'appliquait pas aux caractéristiques particulières de l'élan de Tom, qu'elle risquait de changer ses tendances naturelles et d'influencer défavorablement la trajectoire de sa balle, alors elle était rejetée. Au bout du compte, c'est Tom qui décidait s'il allait changer ou non sa technique. N'empêche qu'il respectait l'avis de Harvey plus que tout autre.

Quand je parle d'engagement, c'est à ce type de relation que je fais référence.

Il est essentiel que vous ayez foi en votre instructeur et en sa capacité de filtrer pour vous toute l'information technique, bonne et mauvaise, à laquelle vous êtes exposé. Son rôle premier est de décider de ce qui est utile et pertinent pour vous, puis de vous présenter cette information de manière que vous puissiez la comprendre et l'assimiler aisément. Si avez confiance en votre instructeur, si vous êtes certain que les conseils qu'il vous donne produiront des résultats appréciables et concrets, vous aurez alors plusieurs longueurs d'avance sur un golfeur qui, chaque fois qu'il s'élance, est rongé de doutes quant à la valeur de sa technique. Il existe tant d'opinions conflictuelles concernant la façon d'exécuter l'élan complet, les coups d'approche et les roulés qu'il est absolument impossible pour l'amateur de s'en tirer et de faire des choix logiques sans le bénéfice d'une source d'information unique et qualifiée – en l'occurrence, le moniteur.

Votre engagement devra également s'exprimer en termes de temps. Outre vos leçons, il vous faudra prévoir des périodes pour jouer et pour vous exercer. Encore ici, travailler avec un instructeur régulier présente un net avantage en ce sens que, grâce à son enseignement, vous progresserez plus rapidement et aurez donc à consacrer moins de temps à l'entraînement. Dans un chapitre ultérieur, je vous montrerai comment maximiser vos séances d'entraînement de manière à obtenir de meilleurs résultats en moins de temps ; cependant je ne prétends pas posséder de recette miracle qui permettrait de complètement éliminer le temps d'entraînement. En fait, je ne connais aucun maître golfeur qui ait atteint ce niveau en ne jouant que les week-ends et en s'exerçant seulement une ou deux heures durant la semaine. Pour devenir maître golfeur, il faut jouer et s'exercer au moins une heure par jour, et ce, à tous les jours. Le joueur désireux de progresser devra donc allouer chaque jour une petite heure de son temps à la pratique du golf. Peut-être devra-t-il se priver, le soir venu, d'écouter une de ses émissions de télévision favorites pour se rendre au terrain d'exercice, néanmoins il doit consentir à faire ce genre de sacrifice s'il veut vraiment améliorer son jeu.

Ceux d'entre vous qui êtes vraiment trop occupés pour consacrer une heure par jour au golf devront se fixer des objectifs moins ambitieux. Soyez réaliste : tant et aussi longtemps que vous ne pourrez accorder un minimum de temps à l'entraînement, il vous sera impossible de progresser autant que vous le voudriez. Vous vous exercez ou jouez quatre fois par semaine ? Vous devrez alors viser un handicap situé entre 7 et 4. Votre limite est de deux ou trois séances par semaine ? Tout ce que vous pouvez en ce cas espérer sur le plan du handicap est de frôler le 10.

Je ne peux pas prédire avec exactitude pendant combien de temps il vous faudra maintenir cet entraînement journalier avant de pouvoir jouer régulièrement la normale, mais je peux vous dire que je ne connais aucun joueur qui soit passé d'un niveau moyen à celui de maître golfeur en moins de deux ans. Dans la majorité des cas, le processus prend entre quatre et six ans. Pensez-y : six années de grandes joies et de découvertes, mais aussi six années de revers, de frustrations, de progrès rapides entrecoupés de longues périodes de stagnation.

Une telle perspective vous démoralise ? Eh bien sachez que la qualité de votre engagement face à ce processus vous permettra de sensiblement atténuer l'impact de ces obstacles. Dès que vous aurez consenti à vous engager sur la voie du perfectionnement et à ne plus en déroger, vous deviendrez plus patient. Sachant que vous mettrez des années à atteindre vos objectifs, il vous sera plus facile de traverser les périodes creuses au cours desquelles vous avez l'impression de régresser plutôt que de progresser.

Tous les grands athlètes et grands entraîneurs savent faire preuve de patience. Au cours de sa carrière, un de mes bons amis, l'entraîneur John Calipari, a pris en charge deux équipes de basketball sur le déclin : celle des Nets du New Jersey et celle de l'université du Massachusetts. Dans chacun des cas, il a créé un plan d'attaque et un programme d'amélioration à long terme auxquels il s'est ensuite tenu. Il prévoyait des premières années difficiles,

mais la foi qu'il avait en son approche lui donnait la patience nécessaire pour rester sur la voie qu'il s'était tracée et attendre les résultats. Fort de cet engagement, il a réussi à bâtir une équipe gagnante
au Massachusetts, et je crois sincèrement qu'il fera de même au
New Jersey. Combien de temps cela prendra-t-il ? Je l'ignore et
John l'ignore aussi. Cela n'a d'ailleurs aucune importance puisque,
quand on est patient, on continue de faire jour après jour les choses
comme elles doivent être faites, sachant que tôt ou tard nos efforts
porteront fruit.

Je répète qu'il m'est impossible de prédire combien de temps il
vous faudra persister dans votre engagement avant de devenir le
golfeur ou la golfeuse de vos rêves. Je peux toutefois vous garantir que si vous acceptez de vous engager sur la voie de l'apprentissage, vous connaîtrez d'exaltants moments d'espoir et des lourds
instants de détresse, de vives poussées d'allégresse ainsi que des
périodes de profond découragement. Votre patience et votre persévérance seront mises à rude épreuve, par contre vous découvrirez certains traits, certaines facettes de vous-même que vous ne
connaissiez pas. En fin de compte, tous les efforts que vous ferez
pour devenir un meilleur golfeur ou une meilleure golfeuse auront
un effet positif sur votre vie en général.

CHAPITRE 4

Surmonter l'adversité

À ce point de votre lecture, vous vous dites sans doute : « Trouver un instructeur, prendre des leçons, s'entraîner… il n'en faut donc pas plus pour devenir un meilleur golfeur ? Mais cela paraît si simple, si facile. »

C'est effectivement aussi simple que cela. Par contre, ce n'est pas si facile. Si ce l'était, tout le monde jouerait la normale. Les fabricants de bâtons spécialisés destinés à corriger un élan fautif n'auraient plus qu'à plier bagage et les usines de titane qui leur fournissent leur matière première perdraient du jour au lendemain de très bons clients. Si le golf était un sport si facile à maîtriser, les gens en quête de vrais défis le délaisseraient pour s'attaquer plutôt aux origines de l'univers ou au fonctionnement du système de taxation.

La vérité est qu'il est très difficile de bien jouer au golf. Et le plus difficile n'est pas de se trouver un moniteur, de prendre des leçons ou de s'exercer. En fait, rien de tout ce que j'ai mentionné jusqu'à maintenant ne constitue l'aspect le plus exigeant du golf.

Le plus difficile au golf, c'est de s'engager à travailler de façon continue et de respecter ensuite cet engagement. Dan Grider est le parfait exemple d'un individu qui a su persévérer en dépit des obstacles et des épreuves qui se sont dressés devant lui. Sympathique et affable, Dan est né dans un petit village du Minnesota il y une cinquantaine d'années et vit aujourd'hui à Sioux Falls, dans le Dakota du Sud. Si le climat du Midwest américain, avec ses hivers interminables, a contribué à lui enseigner la patience et la persévérance, l'instabilité financière qu'il a connue dans son enfance y est aussi pour quelque chose. Lorsque Dan était tout petit, son père a fait faillite et la famille s'est vue forcée d'emménager dans un taudis dépourvu de système de plomberie. Je crois que c'est au cours de ces années de détresse aiguë que Dan a appris à combattre et à surmonter l'adversité.

Dan est un homme qui connaît la valeur de la persévérance. À l'époque où il travaillait comme représentant pour une compagnie industrielle, il avait beaucoup impressionné ses supérieurs en accroissant considérablement le chiffre d'affaires du territoire qui lui avait été désigné. Son secret était simple : il appelait toujours ses clients au moins quatre fois avant de parler affaires avec eux. À l'occasion de ces échanges, il bavardait tranquillement avec eux et les écoutait patiemment, ce qui avait pour effet de créer un lien plus intime entre client et vendeur.

La sécurité financière a toujours été une chose extrêmement importante pour Dan Grider. Poussé par ce besoin de sécurité, il a travaillé dur pendant de nombreuses années et s'est graduellement amassé un pactole qu'il a par la suite investi dans l'immobilier. Puis il s'est lancé dans la restauration. Puis il a acheté des parts dans un casino à Deadwood.

Bref, Dan n'aura plus jamais à vivre dans une maison sans plomberie.

Il y a quelques années, Dan a vendu ses parts du casino de Deadwood et est retourné vivre à Sioux Falls. C'est alors qu'il a commencé à sérieusement s'intéresser au golf. Il avait été très bon athlète dans sa jeunesse et, plus tard, dans la trentaine et la quarantaine, il avait joué au golf assez régulièrement. Son meilleur handicap jusque-là avait été de 8. Or, ce résultat ne reflétait aucunement ses aspirations actuelles qui étaient, premièrement, de battre ses copains du Minnehaha Country Club et, deuxièmement, de s'imposer dans les tournois locaux. Pour atteindre ces objectifs, Dan était prêt à investir temps, efforts et argent.

Anxieux de progresser, Dan est entré en contact avec le pro en titre de son club, Terry Crouch. En choisissant le métier d'instructeur, Terry suivait les traces de son père. Max Crouch avait été cadet dans l'Omaha à l'époque et, éventuellement, à force de ténacité, il s'était élevé au rang de pro en titre, fonction qu'il avait exercée au Field Club pendant de nombreuses années. Lorsqu'il était adolescent, fasciné par le monde du golf et désireux de s'y tailler une place, Terry nettoyait les bâtons et les voiturettes et ramassait les balles sur le terrain d'exercice du club où travaillait son père. Une fois ses études collégiales complétées, il a été apprenti cadet sur le circuit de la PGA aux côtés du paternel.

Comme bien des cadets de la vieille école qui sont par la suite devenus instructeurs, Max Crouch n'enseignait pas l'élan en s'appuyant sur des éléments théoriques. Son approche pédagogique prônait plutôt une connaissance sensitive de la chose – en d'autres mots, il apprenait à ses élèves les sensations reliées à un élan correctement exécuté. Si Max enseignait encore aujourd'hui, il y a fort à parier qu'il n'utiliserait pas de caméra vidéo ! À ses débuts, son fils Terry a suivi la voie opposée et s'est imprégné de tous les aspects théoriques de l'élan. Il a par ailleurs étudié avec d'éminents instructeurs dont Jack Grout, Bob Toski et Jimmy Ballard.

Avec le temps, Terry Crouch en est arrivé à une philosophie de l'enseignement du golf qui tient autant de l'approche tradition-nelle de son père que des théories modernes.

Mais nous en étions au point où Dan Grider songeait à pren-dre des leçons avec Terry. Dès leur première rencontre sur le ter-rain d'exercice, ce dernier a pu constater que le principal problème de Dan était qu'il effectuait au moment de l'impact un pivot inversé. L'élève devait donc apprendre à imprimer à son corps un mouvement plus dynamique, plus athlétique durant cette portion de son élan. Dan avait un diplôme en ingénierie et était donc à même de comprendre et d'apprécier les notions de mécanique évo-quées par son instructeur. Pendant une année entière, il a attenti-vement écouté les conseils de Terry et s'est exercé avec diligence. Pour parfaire son entraînement, il faisait de la musculation et des exercices d'assouplissement ; il a également commencé à s'alimen-ter plus sainement et s'est interdit toute boisson alcoolisée.

Sa santé s'est d'ailleurs améliorée beaucoup plus rapidement que son handicap. En fin de compte, cette année d'effort, s'était sol-dée par une amélioration de un ou deux coups seulement. Dan était réellement frustré et embarrassé de la lenteur de ses progrès. Il avait d'autre part la désagréable impression que ses copains du club se moquaient gentiment de lui derrière son dos. En dépit de tous ses efforts, il essuyait chaque samedi matin une nouvelle défaite entre leurs mains, et donc ils se moquaient. C'est là un phénomène que j'ai pu maintes et maintes fois observer : lorsqu'un golfeur trime dur pour s'améliorer mais qu'il n'obtient pas des résultats immé-diats, ses compagnons de parcours raillent son zèle et retirent une franche satisfaction de ses échecs. Les défaites de cet ami qui s'applique et s'obstine à s'entraîner justifient en quelque sorte leur propre paresse, glorifient les victoires qu'ils obtiennent sans avoir eu à y mettre quelque volonté ou quelque effort que ce soit.

À un moment, Dan s'est senti si découragé qu'il est allé voir Terry pour lui annoncer qu'il songeait à tout abandonner. « Je crois que ce sport est trop difficile pour moi, a-t-il lancé, dépité. Je ne pense pas que je puisse continuer à sérieusement le pratiquer. » Il a ajouté qu'à l'avenir il ne jouerait plus qu'en dilettante, juste pour le plaisir, et qu'il ne s'astreindrait plus à toutes ces leçons et à ces heures d'entraînement qui ne menaient de toute manière à rien. Et puis il ne songerait plus à participer à des tournois. Dan estimait que ce rêve n'avait plus aucune chance de se matérialiser.

Terry a réagi en véritable entraîneur au discours de son élève désenchanté. « Il faut absolument que tu te secoues, lui a-t-il dit. Même si ton handicap est resté sensiblement le même, tu as fait jusqu'ici de réels progrès. » Et il avait raison. L'élan de Dan produisait maintenant un joli crochet intérieur et sa trajectoire de balle était prévisible et régulière. En outre, sa balle roulait toujours sur une bonne distance après avoir touché l'allée, ce qui était bon signe. Le problème est qu'en se concentrant sur son élan complet, Dan avait négligé de travailler son petit jeu ; il frappait mieux la balle à partir du tertre de départ et de l'allée, mais ne l'empochait pas nécessairement en moins de coups.

Jugeant qu'une partie du problème provenait du fait que son élève songeait trop à la mécanique du mouvement, Terry a changé l'orientation de leurs leçons : une série très spécifique d'exercices allait dorénavant remplacer l'approche analytique qu'ils avaient jusque-là favorisée. Pour vous donner un exemple, Dan aurait, à l'occasion d'un de ces exercices, à frapper la balle en gardant ses pieds joints ou en faisant un pas en avant comme un joueur de baseball sur le point d'élancer son bâton. Le but de ces exercices était d'inciter Dan à s'élancer de façon fluide et athlétique sans qu'il ait à trop réfléchir au mouvement.

La compagne de Dan, Carla Clay, était bien évidemment au courant des problèmes qu'éprouvait ce dernier. Carla n'avait jamais joué au golf, toutefois son expérience dans le domaine des disciplines équestres était considérable. Sachant que l'état d'esprit d'un athlète a un impact énorme sur ses performances, elle a conseillé à son conjoint de consulter un psychologue du sport. Emballé par l'idée, Dan a discuté de cette possibilité avec son instructeur.

C'est à ce moment que Terry m'a téléphoné pour me demander si j'avais le temps de travailler avec Dan. Je lui ai répondu qu'il n'y avait pas de problème et que son élève pouvait me contacter à sa convenance.

Plusieurs semaines se sont écoulées avant que Dan ne trouve le courage de m'appeler. La première chose qu'il m'a dite, c'est qu'il n'était pas du tout certain qu'un spécialiste de ma trempe, habitué à travailler avec des joueurs professionnels, serait intéressé à aider un golfeur de calibre moyen.

« Je suis disposé à travailler avec quiconque fait preuve de sérieux et est prêt à persévérer » lui ai-je répondu. Il s'agit en effet pour moi d'une condition sine qua non. Il m'est complètement égal qu'un golfeur me consulte parce qu'il veut parvenir à jouer dans les 65 ou dans les 95 ; ce qui m'importe, c'est qu'il s'applique et s'engage à faire l'effort nécessaire pour atteindre ses objectifs. Je me ferai alors un plaisir de l'aider à développer l'aspect psychologique de son jeu. Par contre, je déteste perdre mon temps avec un client qui croit que je peux régler ses problèmes sans qu'il ait à fournir le moindre effort.

J'invitai Dan à me rejoindre à Fort Worth où je devais me rendre pour travailler avec quelques athlètes locaux. Une fois sur place, nous sommes allés à un terrain d'exercice et je lui ai demandé de frapper quelques balles, histoire de voir comment il se débrouillait. Au début, Dan était très nerveux, mais il s'est détendu par la suite et j'ai pu constater qu'il avait un solide élan. Il m'apparaissait évident qu'il était capable de résultats de beaucoup supérieurs à ce qu'il avait obtenu jusque-là. J'avais également le sentiment qu'il avait la passion du golf et qu'il tenait vraiment à découvrir jusqu'où son talent pouvait le mener. Lors d'une première rencontre avec un nouveau client, il m'est généralement difficile de dire si celui-ci veut vraiment progresser ou s'il est tout simplement curieux de voir ce que je pourrais lui apporter à court terme. Dans le premier cas, l'individu se montre disposé à accorder une place de taille au golf dans sa vie ; il veut immédiatement s'attaquer à ses faiblesses techniques et est prêt à mettre le temps qu'il faut pour les corriger. Cet individu n'est pas à la recherche d'une solution miracle.

D'après ce que je pouvais voir, la grande faiblesse de Dan était son petit jeu. Bien que Terry lui ait eu enseigné tous les coups d'approche imaginables, Dan n'avait pas suffisamment confiance en lui-même pour les exécuter correctement. Il avait d'ailleurs une peur bleue des fosses de sable : quand sa balle atterrissait dans un de ces obstacles, il était complètement désemparé et ne savait plus que faire pour s'en sortir. De cette position, il ne songeait même pas à envoyer la balle près du trou et encore moins à l'empocher. J'ai beaucoup insisté sur le fait qu'il devait commencer à penser qu'il pouvait envoyer sa balle directement dans le trou lorsqu'il se trouvait en lisière du vert. Je lui ai également dit qu'il possédait à mon avis toutes les aptitudes requises pour réussir régulièrement ce type de coup.

J'aimerais pouvoir vous annoncer que Dan Grider s'est amélioré de façon spectaculaire immédiatement après notre premier entretien… mais nous serions bien loin de la vérité.

À son retour à Sioux Falls, Dan était déterminé à travailler l'aspect psychologique de son jeu autant que l'aspect mécanique. Accusant des gains progressifs, il a éventuellement porté son handicap à 5 et a connu sa première victoire en compétition en remportant le South Dakota Match Play.

Mais ces belles réussites ne mettaient pas Dan à l'abri des périodes difficiles. Il avait même parfois l'impression de régresser lorsque, cherchant à affiner sa technique, il se concentrait sur tel ou tel aspect de son élan. Il eut des moments où il ne parvenait pas à jouer mieux qu'un 80 et d'autres où lui revenait l'envie de tout lâcher, de laisser tomber ses rêves grandioses pour ne plus jouer qu'en dilettante, à la faveur du week-end.

Quiconque aspire à devenir un meilleur golfeur doit accepter le fait que, comme Dan Grider, il aura à traverser certaines périodes creuses. Il est certain que vous aurez parfois l'impression de perdre carrément votre temps parce que les marques que vous obtenez ne sont pas à la hauteur de l'effort que vous avez fourni. Or, dans ces moments difficiles, patience et persévérance seront vos plus précieuses alliées.

Dan est venu me consulter à nouveau l'hiver suivant et j'ai tout de suite constaté qu'il faisait davantage confiance à son élan et que son petit jeu s'était amélioré. Nous avons parlé de l'importance de concentrer son attention sur la cible avant d'exécuter un coup et du fait qu'il faille se représenter la trajectoire de la balle dans son esprit avant même de songer à frapper celle-ci.

En dépit de ses efforts, Dan continuait de progresser lentement et de façon sporadique. Au mois de mars, désireux de trancher dans le long hiver du Dakota du Sud et anxieux de reprendre sérieusement l'entraînement, il a loué un pied-à-terre à Palm Springs. C'est à cette époque qu'il a commencé à consigner sur papier les résultats de ses séances d'exercice – une pratique que je recommande vivement à tout golfeur soucieux d'évoluer. Si, par exemple, il frappait 10 approches lobées de 20 verges sur un trou serré, il notait combien de fois il parvenait à envoyer la balle à moins de 4 pieds de la coupe. Il répétait l'exercice le jour suivant en notant toujours scrupuleusement ses résultats. Un autre exercice qu'il répétait fréquemment consistait à frapper de courts roulés à partir de quatre directions différentes, puis de noter combien de fois de suite il parvenait à empocher la balle. Son carnet d'entraînement témoignait de ses progrès : au début du mois, il réussissait à envoyer environ 60 p. 100 de ses coups d'approche lobés à moins de 4 pieds du trou alors qu'à la fin de mars, ses résultats frôlaient 90 p. 100.

Les athlètes qui font du culturisme ont l'habitude de noter ainsi le déroulement de leurs séances d'exercice ; ils doivent écrire, pour chaque série, la quantité de poids utilisé ainsi que le nombre de répétitions effectué. Si après quelques mois de musculation l'athlète estime qu'il n'a pas gagné en tonus ou que ses performances ne se sont pas améliorées, son entraîneur consulte alors le carnet d'entraînement. Dans la plupart des cas, les résultats qui y sont consignés révèlent que l'athlète en question a en vérité réalisé des gains substantiels en termes de force et d'endurance.

Le carnet d'entraînement du golfeur remplit essentiellement la même fonction que celui de l'athlète qui fait de la musculation. Si après plusieurs mois d'efforts vos marques ne semblent pas vouloir s'améliorer, consultez votre carnet d'entraînement. Du moment que vous y avez minutieusement inscrit tout le détail de vos séances d'exercice, il ne fait aucun doute que vous serez à même de constater une amélioration marquée dans tous les aspects de votre jeu. Cette « preuve de progrès » vous remontera le moral, surtout si vous traversez une période de stagnation en ce qui a trait à votre handicap.

Mais revenons-en à Dan. Au printemps de 1996, il a recommencé à éprouver de sérieuses difficultés. Il s'entraînait assidûment et répétait consciencieusement les exercices que Terry lui avait enseignés, cependant tout indiquait qu'il régressait plus qu'il n'avançait. Il était à nouveau incapable de jouer mieux qu'un 80 et son handicap était revenu au niveau où il se trouvait lorsqu'il avait commencé à s'entraîner sérieusement cinq ans plus tôt.

Puis, comme par enchantement, tous les éléments de son jeu sont soudain arrivés à maturité. Je ne sais pas ce qui déclenche ce phénomène ou ce qui fait qu'il se produit à un moment plutôt qu'à un autre, mais je sais qu'il est le résultat d'un travail rigoureux et soutenu. Bref, Dan s'est levé un beau matin et a réussi un 75. À partir de ce moment, il s'est mis à jouer beaucoup mieux qu'il ne l'avait fait au cours des mois précédents.

Dan est retourné à Sioux Falls au début de l'été. Peu après son cinquante-cinquième anniversaire, il s'est inscrit dans le South Dakota State Seniors, un tournoi de 36 trous se déroulant au Lakeview Country Club. Il a commencé par se familiariser avec le parcours en jouant quelques parties d'exercice, ensuite il a élaboré sa stratégie de jeu. Il se sentait prêt. Pour la première fois, il avait le sentiment que la victoire était possible. Puis, comble de l'horreur, il a joué un 42 à l'aller.

« Je ne me sentais pas à l'aise durant les premiers neuf trous » m'a-t-il confié par la suite. Bien des gens auraient baissé les bras au vu de ce piètre résultat, mais Dan Grider, lui, est un vrai batailleur. Il n'était absolument pas question pour lui de bâcler les prochains 27 trous simplement parce que les choses avaient mal démarré.

Au retour, il a joué un 37, ce qui était déjà mieux. Une fois ces premiers dix-huit trous complétés, Dan s'est rendu directement au terrain d'exercice de Minnehaha pour y travailler ses coups d'approche. Le matin suivant il s'est levé et, après avoir fait ses exercices de gymnastique suédoise, est retourné à Lakeview pour y disputer une autre journée de championnat. En cours de route, il a écouté la cassette dont je suis l'auteur et qui est intitulée *Golf Is a Game of Confidence*. La section relatant comment Brad Faxon est parvenu à se tailler une place au sein de l'équipe de la coupe Ryder en jouant un 63 au parcours final de la PGA l'a particulièrement impressionné. Il faut dire qu'il y a quelque chose de très inspirant dans la façon dont Brad avait réussi à se concentrer et à garder son sang-froid durant une des parties les plus importantes de sa carrière. « Tout ce que je demande, a pensé Dan en écoutant la cassette, c'est de pouvoir garder mon calme comme l'a fait Brad Faxon. »

Ce jour-là, un vent de 40 à 50 kilomètres à l'heure balayait le parcours du Lakeview Country Club. Avant de décocher son coup de départ, Dan s'est répété qu'il devait rester décontracté et qu'il ne devait pas permettre aux conditions climatiques ou à tout autre élément qui échappait à son contrôle de le perturber.

Dan n'a pas très bien joué sur ce premier trou ; son coup de départ a manqué de tonus et puis il lui a fallu trois roulés avant d'empocher la balle. Entamant ainsi la journée avec un boguey, il ne s'est cependant pas laissé abattre. Il a accepté la chose, sans se mettre en colère et sans ruminer outre mesure cet échec momentané.

Au deuxième trou, il a joué la normale.

Au troisième, il a exécuté avec son fer n° 3 un coup magnifique pour empocher la balle au coup suivant. À partir de ce moment, Dan s'est mis à jouer avec brio.

Par brio, je ne veux pas dire qu'il a obtenu une marque époustouflante, mais qu'il a réussi à conserver son calme et à se concentrer en dépit des bourrasques et du fait qu'il tirait de l'arrière au classement général. Tandis que, au fil de la partie, ses adversaires se montraient de plus en plus affectés par les conditions atmosphériques, Dan, lui, devenait de plus en plus décontracté et gagnait progressivement en assurance.

Remarquez qu'il n'était pas au bout de ses peines pour autant. Au treizième trou, il a commis un boguey double. Son petit jeu lui a fait momentanément défaut au trou suivant, ce qui lui a valu un autre boguey. Déchaîné, le vent mugissait maintenant avec violence. Au quinzième trou, une normale 5, Dan a préféré décocher sa balle dans un petit bois situé sur la gauche plutôt que de risquer de la voir disparaître dans l'obstacle d'eau qui béait à droite. De cette position, il a expédié sa balle dans l'allée et a réussi avec son fer n° 5 un splendide coup qui a atteint le vert. Sur ce trou, Dan a joué la normale.

Le seizième trou était un coudé de 388 verges. De part et d'autre de l'allée, de nombreux obstacles d'eau guettaient le golfeur imprudent – sans compter qu'il fallait jouer contre le vent. Luttant contre la tourmente qui fouettait son visage et faisait claquer ses vêtements, Dan tentait désespérément de demeurer concentré. Il lui fallait penser à la trajectoire qu'il voulait imprimer au coup et non à ce que sa balle risquait de faire une fois qu'elle serait happée par le vent. Il a finalement joué le trou à la perfection, cognant avec son fer n° 5 un très beau coup d'approche qui l'a mené à 25 pieds du trou.

Après que sa balle eut touché le vert, Dan a remarqué que le pro en titre du club discutait avec un de ses partenaires de jeu. Allait-il les avertir parce qu'ils jouaient trop lentement ? s'est-il demandé. Impossible. Au dernier tertre de départ, son groupe avait dû attendre tandis que le groupe précédent finissait de jouer.

Au bout d'un moment, son partenaire est venu le rejoindre. « Il voulait savoir si quelqu'un se débrouillait bien aujourd'hui dans notre groupe, a-t-il annoncé à Dan. Je lui ai répondu que tu jouais avec beaucoup d'aplomb, alors il a dit qu'il fallait que tu tiennes bon vu que les meneurs sont en train de perdre leur avance. Selon lui, tu es en plein dans la course. »

« Jusqu'à maintenant, de rétorquer Dan, ma stratégie a été de jouer un coup à la fois. C'est ce que je vais continuer de faire. »

Empochant la balle en deux roulés, il a réussi la normale sur un trou difficile qui aurait bien pu lui coûter cher.

Attaquant le dix-septième trou – un normale 3 de 210 verges – avec son fer n° 5, Dan a frappé d'entrée de jeu un solide coup. Trop solide, peut-être. Sa balle a atterri en plein centre du vert, puis a roulé jusqu'sur le tablier pour s'arrêter à quelque 40 pieds de la coupe. Confronté à un roulé de cette longueur, Dan se sentait malgré tout très décontracté. « Hé, dites, je ne vois même pas le trou d'ici ! » a-t-il blagué.

Juste après que Dan eut frappé ce coup interminable, quelqu'un dans l'assistance s'est exclamé : « Elle y va ! Elle va rentrer ! » Comme de fait, quelques secondes plus tard, sa balle disparaissait dans le trou.

Pour un gars à qui on avait annoncé qu'il avait une chance de remporter le tournoi et qui de surcroît venait d'empocher un roulé de 40 pieds, Dan faisait preuve d'un sang-froid remarquable. Il a immédiatement commencé à songer à ce qu'il allait faire au dix-huitième trou. Il m'a par la suite confié qu'à ce moment précis, il se sentait « excité, mais calme tout à la fois ». Ces émotions en apparence contradictoires sont en réalité typiques de l'état du golfeur qui, parce qu'il se trouve à deux doigts de la victoire, ressent la pression du jeu avec une acuité accrue. Plutôt que de se laisser dominer par de telles poussées d'adrénaline, le champion golfeur fait preuve de discipline et continue d'appliquer avant chacun de ses coups la même préparation mentale et physique. Même s'il est excité, il ne change pas de stratégie ou de technique.

Dan se trouvait donc maintenant au départ du dix-huitième et dernier trou. Après avoir bien identifié sa cible, il a amorcé sa montée… puis a stoppé net en plein mouvement. Du coin de l'œil, il avait aperçu le bout d'une chaussure et cela l'avait distrait. Il a demandé à la personne concernée de se déplacer, puis, méthodiquement, il a refait sa routine préparatoire du début à la fin. Il a finalement frappé un très beau coup qui a atterri en plein centre de l'allée, à 140 verges du vert. De cette distance, il aurait normalement utilisé un fer n° 8, mais comme il se sentait un peu nerveux il a décidé qu'un fer n° 9 ferait en l'occurrence l'affaire. Bien mal lui en prit, car sa balle s'est arrêtée à 15 pieds du vert. Le coup avait été beaucoup trop court.

C'est ici que tout le travail qu'il avait fait sur son petit jeu a commencé à porter fruit. Avant d'effectuer son coup d'approche, Dan s'est répété qu'il devait oublier les aspects mécaniques de sa technique et avoir foi en ses capacités. Au bout du compte, sa balle s'est immobilisée à moins de 4 pieds du trou. Il l'a empochée au coup suivant pour réussir un incroyable 71.

Cette marque impressionnante l'amenait au premier rang, ex æquo avec trois autres compétiteurs. Ce serait donc une balle d'élimination instantanée qui allait décider du vainqueur.

Dan a entamé cette joute éliminatoire avec un coup de départ qui a dévié vers la gauche pour aller se nicher dans les herbes hautes. À son deuxième coup, il a fignolé un magnifique coup bombé qui s'est d'abord dirigé vers la droite du vert, mais que le vent a ensuite poussé en direction du drapeau. Lorsque tout fut dit, la balle de Dan reposait à 10 pieds de la coupe.

Il a patiemment attendu tandis que ses adversaires jouaient leur troisième coup. Aucun d'entre eux n'est parvenu à empocher la balle.

C'était maintenant à son tour de jouer. La tension était si forte qu'il en tremblait. Pour se calmer, il pensait à Brad Faxon et à la façon dont il était parvenu à conserver son sang-froid sur le parcours du Riviera, alors qu'il disputait l'une des parties marquantes de sa carrière.

Après avoir exécuté quelques élans d'exercice, Dan a frappé la balle… et l'a empochée.

Exalté, il a levé les bras au ciel en signe de victoire. Des larmes de joie ont roulé sur ses joues.

Dan était bien sûr anxieux de téléphoner à son entraîneur, Terry Crouch, pour lui annoncer la bonne nouvelle. Ce dernier n'étant pas là, il lui a laissé le message suivant :

« Allô, Terry ? Ici Dan Grider. Terry… j'ai gagné ! J'ai joué un 71 au dernier parcours et puis j'ai fait un oiselet au premier trou de la prolongation. Je m'en suis tenu à mon plan de match et j'ai gagné ! J'ai vraiment hâte de pouvoir te raconter tout ça en détail. C'est fou ce que je suis heureux. Merci. »

Cette année-là, Dan a remporté un championnat mondial amateur en Écosse. Peu après, il a réussi son premier trou d'un coup. Ses belles performances lui ont valu un handicap de 3 ainsi que le titre de joueur senior de l'année dans le Dakota du Sud.

Il a bien sûr connu d'autres périodes difficiles au cours desquelles il avait du mal à contrôler sa balle, des périodes où il ne parvenait pas à jouer mieux que 80. « On ne peut pas posséder le golf, se plaisait-il à répéter. On ne peut que l'emprunter de temps à autre. »

Dan est l'exemple parfait de ce qu'un golfeur peut accomplir s'il s'applique et s'engage résolument à perfectionner son jeu. En fin de compte, il ne s'agit pas d'une question d'âge, mais de détermination.

Terry Crouch est toujours l'entraîneur de Dan Grider et il continue d'inventer pour lui de nouveaux exercices. Terry s'est bien gardé d'effacer l'heureux message que son élève a laissé sur son répondeur l'été dernier. C'est avec un plaisir sans cesse renouvelé qu'il le réécoute de temps à autre.

CHAPITRE 5

Le cycle de perfectionnement

Vous avez choisi votre instructeur et avez pris l'engagement de persister sur la voie que vous vous êtes fixée. Bravo. Il est maintenant temps pour vous de planifier, en compagnie de votre instructeur, le déroulement de votre premier cycle de perfectionnement.

Le cycle de perfectionnement est un programme de leçons et d'entraînement d'une durée de douze semaines qui sera répété jusqu'à ce que vous puissiez jouer au meilleur de vos capacités. Si ce programme vise le développement de vos aptitudes athlétiques, il doit aussi tenir compte des considérations pratiques qui régissent votre existence. En d'autres mots, il doit vous permettre de vous améliorer en tant que golfeur sans occuper une part trop importante de votre temps. Je l'ai ici standardisé afin de faciliter sa présentation, toutefois je vous encourage à l'adapter à vos besoins spécifiques et à votre situation.

C'est Davis Love II, père de l'excellent golfeur de la PGA, qui m'a inspiré l'un des concepts clés de ce programme. Davis II était jadis un très bon professeur qui estimait qu'un élève devait s'entraîner de six à dix heures entre deux leçons, ni plus, ni moins. Selon lui, un temps d'entraînement moindre rend difficile, voire impossible l'assimilation de nouvelles données et techniques, tandis qu'un élève qui s'exerce plus de dix heures risque de reprendre sans s'en rendre compte ses vieilles habitudes. Le problème est évidemment que, lorsque nous nous entraînons seul, notre moniteur n'est pas là pour nous guider et nous corriger.

Si vous vous êtes engagé à vous entraîner une heure par jour et que vous jouez une ou deux fois par semaine, vous allez devoir prendre une leçon aux quinze jours. Chacun de vos cycles de perfectionnement comprendra donc cinq ou six leçons.

Comme je l'ai mentionné plus haut, il est important que vous adaptiez votre programme d'entraînement à votre style de vie et à vos capacités. Une séance d'entraînement typique devrait durer en moyenne entre soixante et quatre-vingt-dix minutes ; au-delà de cela, votre capacité de concentration diminuera, si bien que vous risquez de bâcler les choses. Votre emploi du temps ne vous permet que trois séances par semaine à raison de deux heures par séance ? Pas de problème, du moment que vous veillez à bien focaliser votre attention jusqu'à la fin. Il est en effet inutile de prolonger une séance d'entraînement si c'est simplement pour frapper des balles au petit bonheur, sans vous appliquer et sans réfléchir à ce que vous faites.

Il est primordial que vous vous exerciez entre chaque leçon. Si vous ne pouvez pas vous entraîner dû à d'autres engagements, informez votre instructeur de la situation et reportez votre prochaine leçon à une date ultérieure. Remarquez qu'il y a des gens qui préfèrent prendre leur leçon à la date prévue même s'ils n'ont pas eu le temps de s'exercer. Hank Johnson a un nom pour ce type de leçon ; il les appelle des séances d'entraînement supervisées. Efficace ou non, reste que cette approche est beaucoup plus coûteuse qu'une séance sans moniteur au terrain d'exercice. Quoi qu'il en soit, si votre instructeur est d'accord pour procéder de cette façon et que vous en avez les moyens, eh bien, allez-y.

Voici donc le schéma du cycle de perfectionnement tel que je vous le propose :

Leçon 1

Séance d'entraînement I
Séance d'entraînement II
Séance d'entraînement III
Séance d'entraînement IV
Partie
Partie
Séance d'entraînement V
Séance d'entraînement VI
Séance d'entraînement VII
Séance d'entraînement VIII
Partie
Partie

Leçon 2

Séance d'entraînement IX
Séance d'entraînement X
Séance d'entraînement XI
Séance d'entraînement XII
Partie

Vous trouverez à l'Appendice B une version plus complète de ce schéma. Vous pourrez utiliser ce modèle pour compiler les notes que vous aurez prises lors de vos leçons et vos séances d'entraînement, mais aussi à l'occasion des parties que vous jouerez après la cinquième leçon et dont les résultats doivent être scrupuleusement consignés sur papier.

Vous avez sans doute remarqué que je n'ai pas parlé du contenu des leçons proprement dit. Rassurez-vous, il ne s'agit pas là d'une omission de ma part. Le fait est que je considère que ce n'est pas à moi de décider de vos besoins ou de ce que votre instructeur choisira de vous enseigner. À vous de discuter avec lui des aspects spécifiques de votre jeu que vous désirez travailler et d'ajuster le contenu de vos leçons en conséquence.

Lors de vos premières leçons, vous chercherez de toute évidence à apprendre les techniques de base. Vous aurez bien sûr à faire certains choix quant au type d'équipement que vous allez utiliser, mais vous devrez surtout vous préoccuper de facteurs comme la prise de bâton, la position de pieds, la posture, la position par rapport à la balle et l'alignement avec la cible. Ce sont là les éléments fondamentaux de la prise de position initiale et ils se doivent d'être appris et répétés. Votre instructeur devra périodiquement s'assurer que vous exécutez correctement chacun de ces gestes préparatoires.

Si je déconseille aux pros avec lesquels je travaille de participer à plus de trois ou quatre tournois consécutifs, c'est parce qu'après qu'ils aient passé un certain temps à voyager sur le circuit, leur prise de position initiale a tendance à se détériorer. Or, la moindre variation à cette routine préparatoire influencera énormément, et pas pour le mieux, la trajectoire de la balle. Tout professionnel qui se respecte devrait vérifier au moins une fois par mois l'état de sa prise de position initiale avec son entraîneur. Je vous conseille de faire de même avec votre instructeur.

Quant aux leçons que vous prendrez, eh bien, il m'est impossible de vous dire par quoi vous allez devoir commencer. Comme je viens de le mentionner, il revient à vous et à votre moniteur de décider du contenu de vos premières leçons. Ce contenu dépendra de toute évidence de vos faiblesses spécifiques, mais aussi de la philosophie d'enseignement de votre instructeur. Supposant que celui-ci remarque que le plan de votre élan est fondamentalement malsain, il pourra décider d'aborder immédiatement et directement cette lacune. Certains moniteurs préféreront néanmoins commencer par quelque chose de plus simple – la prise du bâton ou la position de pieds, par exemple – avant de s'attaquer à la mécanique de l'élan.

Il est important que vous continuiez à jouer régulièrement des parties tout au long du processus de perfectionnement. Les golfeurs qui s'abstiennent de jouer sous prétexte qu'ils s'entraînent se prennent tôt ou tard à penser que le but du golf est d'en arriver à la perfection technique, ce qui est totalement faux. L'objet réel du golf est d'envoyer une balle dans un trou en aussi peu de coups que possible. En fin de compte, votre pointage et votre handicap sont les seules manifestations concrètes de vos progrès. Or, ce n'est qu'en jouant que vous parviendrez à abaisser et vos marques, et votre handicap.

Lorsque vous êtes sur le parcours, il vous faut avoir foi en vos capacités. Vous ne devez pas jouer en songeant aux choses sur lesquelles vous avez travaillé durant vos leçons ni à la mécanique de votre élan. En fait, vous ne devez penser qu'à une chose : envoyer la balle vers la cible. Et vous devez croire fermement que votre élan vous permettra d'atteindre cette cible. Même si votre technique n'est pas tout à fait au point, vous aurez de meilleures chances d'exécuter correctement un coup donné en vous faisant confiance et en vous élançant de façon naturelle. Évitez d'encombrer votre esprit en vous inquiétant de la distribution de votre poids, de l'angle de flexion de votre poignet droit ou de la verticalité du plan de votre élan. C'est pendant les leçons et les séances d'entraînement qu'il faut penser à ces choses et non sur le parcours. Je vous recommande même de consacrer une partie de votre temps d'exercice à frapper des balles avec cette attitude de confiance en soi. Le pourcentage précis de coups « techniques » et de coups « naturels » variera d'une séance à l'autre. Juste après une leçon, il est normal que vous frappiez vos balles en vous concentrant davantage sur des facteurs techniques et mécaniques. Par contre, avant un tournoi ou une partie entre amis, vous ferez bien de dédier la quasi-totalité de votre temps d'entraînement à des coups « naturels » que vous exécuterez avec confiance, décontraction et aplomb.

Et notez bien ceci : les parties et les périodes d'échauffement ne comptent pas comme du temps d'entraînement. Il n'y a que l'entraînement qui soit de l'entraînement.

Libre à vous de changer le type de match que vous jouez dans le courant d'un cycle de perfectionnement, cependant évitez de faire des paris ou de participer à des tournois en équipe. Que le succès de quelqu'un d'autre dépende de la façon dont vous jouez ou qu'un partenaire vous incite à obtenir la meilleure marque possible et il se pourrait que vous retourniez momentanément à vos anciennes habitudes et abandonniez les techniques correctes que vous n'avez pas eu le temps d'assimiler. Même si vous gagnez votre pari, d'un point de vue technique il s'agira bel et bien d'un pas en arrière. Bref, abstenez-vous autant que possible de jouer sous pression lorsque vous êtes en plein cycle de perfectionnement.

Favorisez les types de match qui nécessitent que vous empochiez la balle et que vous comptiez chaque coup. Évitez les parties par trous, car elles risquent de vous faire acquérir de mauvaises habitudes – dans ce genre de match, on ramasse sa balle dès que le trou est remporté par une autre équipe. Vous n'aurez pas à faire l'effort d'empocher tel ou tel roulé difficile, mais au bout du compte votre petit jeu en souffrira. D'autant plus que si votre adversaire vous concède un coup d'avance parce que son handicap est plus faible que le vôtre, vous viserez le boguey au lieu de tenter la normale. Toujours lors d'une partie par trous, si vous envoyez votre balle hors limites alors que votre rival a placé la sienne sur l'allée en position idéale, il se pourrait que vous lui concédiez inconsciemment le trou et que vous jouiez sans vous appliquer. N'oubliez pas que votre but est de devenir un golfeur capable d'empocher tous ces importants roulés de courte et moyenne distance, un golfeur capable de réussir la normale même si l'instant d'avant il se trouvait dans un mauvais pas.

Pour qui veut ressentir le feu de la compétition tout en continuant de progresser, la partie par coups est la formule idéale. Au lieu de la traditionnelle compétition par trous, accordez des points – ou la cagnotte, si vous êtes joueur – à celui ou celle qui complète l'aller dans le minimum de coups ; faites ensuite de même pour le retour et pour l'ensemble de la partie.

N'hésitez pas à vous mesurer de temps à autre à des golfeurs meilleurs que vous. Sachez que vous progresserez moins rapidement en jouant toujours avec des golfeurs qui ont le même handicap que vous qu'en vous frottant à des joueurs de calibre supérieur. Jouer avec un golfeur émérite est l'occasion idéale de s'imprégner de ses habitudes de jeu et de ses techniques.

Malheureusement, de nos jours, les clubs de golf sont de plus en plus achalandés et il est donc parfois difficile de se dénicher de nouveaux adversaires. Je me souviens d'une époque où l'on pouvait se présenter à un terrain de golf et trouver sur place, à toute heure du jour, une personne avec qui jouer. Ainsi, on avait parfois la chance de se mesurer à meilleur et à plus talentueux que soi.

Presque tous les parcours publics ou privés fonctionnent aujourd'hui selon un système de réservation. Les golfeurs et golfeuses doivent former des groupes à l'avance, ce qui fait qu'ils ont tendance à toujours jouer avec les mêmes personnes. Or, ces groupes sont généralement composés d'individus de même calibre.

Le golfeur désireux de se mesurer à meilleur que lui devra donc faire preuve d'initiative. Ne soyez pas gêné de demander à un bon joueur de disputer un match contre vous. La plupart des professionnels et des amateurs de haut niveau que je connais se font un plaisir de jouer avec un golfeur de calibre moyen, du moment que celui-ci est d'agréable compagnie et qu'il ne ralentit pas leur rythme de jeu.

Dans la dernière portion du cycle, vous aurez à noter les résultats de vos parties. Cette pratique vous permettra d'évaluer plus précisément votre niveau de jeu actuel en mettant en lumière vos acquis, mais aussi vos faiblesses.

Comment doit-on procéder à la notation de ces parties ? Vous allez voir, c'est tout simple. Une fois le match terminé, asseyez-vous et notez chaque coup que vous avez joué en prenant soin de préciser quel bâton vous avez utilisé pour l'exécuter. Encerclez ensuite chacun des bâtons qui vous ont permis d'atteindre le vert ; ce sont là vos bâtons clés. Cet exercice vous permettra d'identifier les armes les plus importantes de votre arsenal. J'ai récemment procédé à la notation d'une partie pour un étudiant de l'université du Nevada, Gilberto Morales. Le résultat a été pour le moins révélateur : des 73 coups joués, 49 avaient été effectués avec les « bâtons clés ».

Jetez un œil aux coups de départ que vous avez effectués avec le bois n° 1 ou le bois n° 3 – chaque partie devrait compter environ

14 de ces coups. Si, à chaque fois, vous avez pu garder la balle dans l'allée ou dans la première coupe d'herbe longue, c'est que l'emploi de ces bâtons ne vous pose pas problème. Par contre, si vous avez envoyé la balle hors limites ou dans le terrain boisé à quelques reprises, c'est que vous devez davantage travailler votre élan complet.

Reportez ensuite votre attention aux coups roulés. Marquez d'une croix les roulés de moins de 5 pieds que vous avez ratés. Faites de même avec les coups d'approche exécutés en bordure du vert. Si vous avez raté plus de un ou deux coups dans chacune de ces catégories, c'est que vous devez soigner votre petit jeu.

Au cours de la partie que j'ai notée pour lui, Gilberto Morales, l'étudiant dont je viens de parler, avait manqué six de ses roulés et de ses coups d'approche de courte portée. Cela signifie qu'il aurait pu jouer un 67 au lieu du 73 dont il avait écopé. À ce niveau de compétition, il s'agit d'une différence énorme. Une marque de 67 vous assure une place dans le peloton de tête ; vous avez bien joué, vous vous sentez confiant et êtes content de vous. Mais jouez un 73 et vous voilà démoralisé ! Vous tirez de l'arrière au classement et tout le monde vous demande alors ce qui ne va pas.

Je ne dis pas que vous n'avez pas le droit de manquer un roulé de 5 pieds ou de complètement bâcler un coup d'approche facile, mais songez que lorsqu'un des professionnels avec qui je travaille obtient une marque de 67, c'est parce qu'il a réussi la majorité, voire la totalité de ces coups. Vous désirez vous aussi devenir maître golfeur ? Eh bien vous allez devoir faire l'effort de travailler votre petit jeu. Si vous ne consentez pas à faire ce sacrifice, vous ne pourrez jamais tirer parti des opportunités qui s'offrent à vous pendant une partie.

Certains golfeurs n'aiment pas noter ainsi leurs résultats. Rien ne les y oblige. Cependant, même si cela vous rebute, il est important que vous évaluiez périodiquement votre niveau de jeu afin de déterminer quelles sont vos faiblesses. Après tout, comment parviendrez-vous à les corriger si vous ne les identifiez pas clairement ?

Vous aurez remarqué que je prescris une période de relâche à la fin du cycle de perfectionnement. J'estime en effet qu'il est important de s'octroyer un répit de cinq jours à tous les trois mois, sans quoi on risquerait de se surentraîner ou, pire, de se lasser du golf pour de bon. Notez que vous pouvez répartir ce bloc de cinq jours sur l'ensemble du cycle si vous préférez. Ainsi, vous pourrez vous accorder un ou deux jours de relâche à chaque semaine. Grâce à ce répit hebdomadaire, vous aborderez votre prochaine séance d'entraînement avec un zèle et un enthousiasme renouvelés.

Ceux d'entre vous qui vivez dans une région ou un pays au climat tempéré devront nécessairement prendre une pause prolongée durant les mois d'hiver. Profitez de ce hiatus pour faire du conditionnement physique et des exercices d'assouplissement. Dans un chapitre ultérieur, je vous montrerai comment travailler l'élan chez vous à l'aide d'un équipement sommaire.

Comme je l'ai mentionné précédemment, ce n'est pas à moi de décider du contenu de vos leçons. Permettez-moi cependant une mise en garde : il ne faut pas que vos leçons se déroulent toutes au terrain d'exercice et il ne faut pas non plus qu'elles se bornent à l'étude de l'élan complet. Trop de moniteurs donnent leurs cours sur le terrain d'exercice exclusivement et négligent ce précieux outil d'apprentissage qu'est la leçon pratique. Remarquez que les élèves ont aussi leurs torts ; bon nombre d'entre eux insistent en effet pour que l'essentiel de leurs leçons porte sur l'élan complet.

Or, pour arriver à bien jouer au golf, il faut absolument travailler aussi son petit jeu. Que les maniaques des coups de départ se le tiennent pour dit !

CHAPITRE 6

Une leçon pratique avec Bob Toski

Dès le premier coup d'œil, on comprend pourquoi Bob Toski a été surnommé « la souris ». De tous les grands golfeurs que j'ai connus, c'est assurément le plus petit. En 1954, à l'époque où il dominait le circuit de la PGA, le cher homme ne pesait pas plus de 54 kg ! Faisant allusion au fait que Bob était le onzième d'une famille de douze enfants, Jimmy Demaret avait l'habitude de dire en blaguant : « Bob a été conçu après que son père ait eu épuisé son meilleur stock de cellules reproductrices. »

Bob a toujours au coin des lèvres un petit sourire espiègle qui lui donne des airs de lutin. Une casquette de golf d'un blanc immaculé semble vissée en permanence sur son crâne recouvert d'une fine chevelure grise, tandis que ses paupières tombantes empreignent son regard d'une fugitive mélancolie. Je dis fugitive, car elle disparaît aussitôt que Bob s'anime pour relater les récits et anecdotes d'une époque où la PGA n'était pas encore la fastueuse et lucrative entreprise qu'elle est devenue aujourd'hui.

En plus d'être un conteur né, Bob est un instructeur hors pair qui a plus de soixante années d'expérience. Le moins que l'on puisse dire, c'est que l'enseignement du golf est un domaine qu'il connaît en profondeur. Il fut en outre l'un des fondateurs de la chaîne d'écoles de la revue *Golf Digest*. Avec son partenaire Gary Battersby, il gère aujourd'hui sa propre école de golf près de Pompano Beach, en Floride.

Bob a commencé très jeune à s'intéresser à l'enseignement du golf. Il a fait ses débuts durant la dépression des années 1930, en tant que cadet au club de golf de Northampton, dans le Massachusetts. Son frère aîné y était assistant-pro. Estimant que le petit Bob n'avait pas la taille requise pour être un cadet de catégorie A, les dirigeants du club l'ont mis à la disposition de leur clientèle féminine composée en majeure partie de dames d'un âge vénérable et d'étudiantes du Smith College. Jour après jour, Bob portait les sacs de golf de tout ce beau monde et récoltait ordinairement une poignée de friandises en guise de pourboire. Pas de problème : le petit Bob aimait bien les friandises. Et il a vite découvert que ses clientes se montraient plus généreuses lorsqu'elles avaient le sentiment d'avoir bien joué.

Il a donc commencé à leur prodiguer quelques conseils quand l'occasion se présentait. Le poignet gauche de madame fléchit à outrance quand elle exécute un coup coché ? Qu'à cela ne tienne, Bob est là pour rectifier ce travers. Le petit bougre avait à peine dix ans, mais il possédait déjà une connaissance approfondie de l'élan et de ses composantes. Il n'avait pas son pareil pour repérer un défaut ou une faiblesse technique et il savait intuitivement ce qu'il fallait faire pour corriger la chose.

C'est son frère Jack qui lui a appris les principes fondamentaux de l'élan. Il lui a également appris comment enseigner ces principes. À l'âge de seize ans, Bob se défendait assez bien sur le parcours, mais, comme bien des jeunes golfeurs de faible stature, il avait la mauvaise habitude d'agripper trop fermement la poignée de son bâton. C'était pour lui le seul moyen de générer suffisamment de puissance avec son élan. Jack était conscient que cette prise déficiente bridait les progrès de son jeune frère ; il savait pertinemment que ce dernier ne deviendrait jamais un grand golfeur s'il n'adoptait pas une prise plus orthodoxe. Sa prise d'alors produisait trop de crochets bas et mal contrôlés, surtout lorsqu'il utilisait ses bois.

Mais le petit Bob, pour sa part, ne voulait pas changer sa technique. Il palliait les effets néfastes de sa prise trop serrée en exécutant ses coups de départ avec un bois n° 3 à face inclinée, ce qui lui donnait une plus haute trajectoire de balle. Il avait l'impression que les choses allaient empirer s'il modifiait sa prise, que cela serait comme faire un grand et pénible pas en arrière.

Pour inciter son frère à changer de prise, Jack lui a procuré un bois n° 1 de marque Wilson, bâton dont la face présentait très peu d'inclinaison. « Dorénavant, je veux que tu t'entraînes toujours avec ce bâton, lui a-t-il annoncé. Jusqu'à nouvel ordre, tu n'en utiliseras aucun autre. » Il n'y avait qu'un seul endroit où Bob pouvait s'exercer : au neuvième trou du parcours de Northampton. Ce trou étant situé juste à l'extérieur de la boutique du golfeur, c'està-dire là où travaillait Jack, il était peu probable que Bob se risque à enfreindre ce nouveau règlement.

« Je ne pourrai jamais faire décoller la balle avec ce bâton-là ! » protesta ce dernier.

« C'est pourquoi tu dois changer ta prise », de rétorquer Jack du tac au tac.

Dépité, Bob a empoigné un sac de balles et s'est rendu au terrain d'exercice pour essayer son nouveau bâton. Il a vu dès les premiers coups ses pires craintes se confirmer : il frappait tantôt des crochets à trajectoire basse et exagérément incurvée, tantôt des coups pitoyables qui partaient dans tous les sens sans qu'il puisse faire quoi que ce soit pour les contrôler.

Incapable de maîtriser son nouvel instrument, le jeune golfeur a fondu en larmes.

Inflexible, Jack n'a rien fait pour le réconforter. « Quand tu auras fini de pleurnicher, lui a-t-il dit, tu vas continuer de t'exercer jusqu'à ce que tu aies changé ta prise. Tu es têtu, mais il faut que tu apprennes, que ça te plaise ou non. »

Six mois se sont écoulés avant que Bob parvienne à maîtriser sa nouvelle prise. Il a essuyé durant cette période de nombreuses défaites, mais lorsque tout fut dit, il avait le meilleur élan de tout le circuit amateur. Un élan de très haut niveau et qui allait le mener de victoire en victoire.

Cette expérience a fait comprendre au jeune Bob certains problèmes propres au golf et à son enseignement. Il a saisi entre autres choses que, même s'ils veulent désespérément s'améliorer, bon nombre de golfeurs refusent de changer une technique déficiente parce qu'ils craignent de voir leurs performances se dégrader à court terme. Le rôle du moniteur n'est donc pas simplement de relever les faiblesses de son élève et de lui montrer la bonne façon de faire, mais aussi de l'encourager à adopter les nouvelles techniques qui lui sont proposées. En tant qu'instructeur, Bob ne peut évidemment pas se montrer aussi autoritaire avec ses clients que son frère l'a été envers lui ; c'est pourquoi, au fil des ans, il a créé des douzaines d'exercices inusités et de petits trucs qui, par moyens détournés, incitent ses élèves à changer leurs mauvaises habitudes et à faire les choses correctement. « Le changement fait peur aux gens, m'a-t-il un jour confié. Il faut les secouer un peu ou bien les duper pour les amener à changer. »

En 1944, Bob Toski met de côté ses aspirations de golfeur pour faire son service militaire. La guerre fait toujours rage en Europe et Bob se joint aux troupes à titre de tireur d'élite.

Son retour à la vie civile a marqué le début de sa carrière de golfeur professionnel. Il était de tous les tournois locaux et, plus souvent qu'à son tour, en ressortait victorieux. Un jour, son frère Jack l'a enrôlé dans un match d'exhibition auquel participaient trois pros de la PGA – Doug Ford, Ted Kroll et Milan Marusic.

Bob a très bien joué ce jour-là. Une fois le match terminé, Kroll a dit à Jack Toski que son jeune frère était assez bon pour jouer sur le circuit.

En 1948, sous la tutelle de Kroll et de Marusic, Bob entre dans les rangs des pros.

À cette époque, les golfeurs professionnels ne bénéficiaient pas des mêmes avantages que les Tiger Woods et David Duval d'aujourd'hui. Les trois hommes entassaient vêtements et bagages dans la Studebaker de Kroll et prenaient la route, ne s'arrêtant que pour manger des hamburgers graisseux dans les restaurants de la chaîne White Castle ou pour dormir dans des hôtels miteux où Kroll et Marusic se partageaient les lits. En sa qualité de nouveau venu, Bob devait passer ses nuits sur un lit de camp. Marusic ronflait comme un ogre. Kroll grinçait des dents. Le paradis, quoi !

Cet hiver-là, Bob a gagné 500 $ en jouant au golf.

« Les jeunes pros d'aujourd'hui n'ont aucune idée des conditions de l'époque, me racontait-il récemment. Ils veulent dormir dans des chambres d'hôtel somptueuses, voyager en jet privé… Remarquez que je ne me plains pas. Je suis heureux de ce que j'ai vécu et je ne changerais pas de place avec eux pour tout l'or du monde. »

Bob Toski est donc devenu le protégé de Kroll et de Marusic. Comme les joueurs de l'époque n'avaient pas les moyens de voyager avec leur entraîneur, ils se conseillaient et se soutenaient mutuellement. Le jeune Bob n'a pas tardé à découvrir que la majorité des conseils n'étaient pas dispensés sur le terrain d'exercice, mais sur le parcours, à l'occasion des parties d'exercice.

À ses débuts sur le circuit, Bob avait l'habitude d'utiliser un cocheur d'allée dans les fosses de sable. Or, c'est Kroll qui lui a conseillé d'employer plutôt un cocheur de sable et qui lui a montré comment se servir de ce type de bâton. Bob se souvient également du jour où Dutch Harrison lui a tout enseigné de la sortie en explosion. Et tout cet échange d'information avait lieu sur le parcours !

En somme, on pourrait dire que ces golfeurs se donnaient mutuellement des leçons pratiques.

Bob a quitté le circuit professionnel au milieu des années 1950 pour enseigner le golf à plein temps. Dans ce temps-là, on jouait moins pour l'argent – les bourses étaient beaucoup moins importantes qu'aujourd'hui – que pour gagner le respect de ses pairs. En ce sens, Bob avait retiré du circuit tout ce qu'il était en droit d'en espérer. Et puis il avait une femme et trois jeunes enfants, si bien que voyager ne l'intéressait plus autant.

Tout ce qu'il a appris durant ces années sur le circuit, Bob l'applique aujourd'hui à l'enseignement. Il est à mon avis le maître incontesté de la leçon pratique.

J'ai récemment eu vent d'une leçon pratique que Bob a donné à un golfeur que nous appellerons Ben.

Désireux d'améliorer un déjà respectable handicap de 12, Ben s'était rendu en Floride tout spécialement pour prendre des leçons à l'école de Bob. Son principal problème était qu'il avait tendance à frapper des crochets extérieurs involontaires chaque fois qu'il employait son bois n° 1. Lors de leur première leçon, Bob a montré à son nouvel élève comment rectifier cette fâcheuse tendance. Après quelques essais infructueux, Ben a commencé à cogner des coups de départ bien droits et plus longs que d'habitude. À la fin de la leçon, la trajectoire de ses décoches était légèrement incurvée vers l'intérieur, comme il se doit.

Le jour suivant, maître et élève se sont rendus au Palm-Aire Country Club. Là, Bob allait donner à Ben sa première leçon pratique. Comme la plupart des parcours du sud de la Floride, Palm-Aire arbore de larges allées ceintes de nombreux obstacles d'eau. Les trous assez courts reflètent les besoins d'une clientèle relativement âgée, toutefois les verts y sont tortueux et difficiles à atteindre. Le premier trou, par exemple, est une normale 5 incurvée dont le côté gauche épouse la rive d'un lac, ce qui complique considérablement la tâche du golfeur.

« Sur ce trou, expliquait Bob à son élève, tous les problèmes sont à gauche. Il faut donc que tu places ton té sur la portion gauche du tertre de départ et que tu vises dans la direction opposée pour augmenter ta marge d'erreur. Notre objectif aujourd'hui sera d'éviter les coups de pénalité. »

En adoptant cette approche, Bob cherchait à inculquer à Ben un principe élémentaire de gestion du parcours. Bon nombre de golfeurs estiment préférable de faire abstraction des obstacles qui jalonnent le parcours ; ils préfèrent agir comme si ces obstacles n'existaient pas plutôt que de se dire : Il faut absolument que je l'évite et d'introduire ainsi une pensée négative dans leur esprit. Je crois pour ma part qu'il faut tenir compte des obstacles lorsqu'on se familiarise avec un parcours donné ; il faut les étudier et en discuter afin de pouvoir se fixer des cibles qui nous permettront de les éviter par la suite. Le golfeur qui aura réalisé cette analyse préliminaire pourra, lors d'un tournoi, oublier complètement ces obstacles pour entièrement se concentrer sur sa cible.

Se conformant aux directives de son instructeur, Ben a claqué avec son bois n° 3 un coup de départ qui a trouvé l'allée. Sa nervosité a cependant eu raison de lui et il a frappé gras lors des deux coups suivants. Son quatrième coup a franchi de justesse l'obstacle d'eau qui gardait le vert pour aller s'enfouir dans une fosse de sable humide d'où il allait devoir exécuter un long et difficile coup d'approche lobé.

Bob, quant à lui, se sentait tout à fait détendu. Pour son second coup, il a choisi un bois d'allée et, visant vers la droite, c'est-à-dire en direction opposée du lac, il a fignolé un beau crochet intérieur qui l'a laissé à distance idéale du vert. La coupe était située à l'extrémité droite de ce vert, tout près d'une autre fosse de sable.

« Je vais envoyer la balle à gauche du trou et à une distance d'environ 10 pieds de celui-ci », a annoncé le moniteur à son élève. Puis, sans faire ni une ni deux, il a exécuté le coup exactement comme il l'avait décrit.

Cela illustre bien l'un des principaux avantages de la leçon pratique : elle permet à l'instructeur de donner à son élève un aperçu de la façon dont joue et pense un expert. Dans le cadre d'une leçon de ce type, l'instructeur fait figure d'exemple à suivre.

Bien qu'attentif aux conseils et démonstrations de son instructeur, Ben ne pouvait se libérer de cette tension qu'il ressentait. Jouer en compagnie d'un professionnel le rendait décidément très nerveux. Ayant encore frappé gras à partir de la fosse de sable, il lui restait encore à faire une courte approche lobée pour atteindre le vert. Incapable de se concentrer, il a calotté la balle qui a suivi une trajectoire excessivement basse et est passée à un cheveu de fracasser le genou de son mentor. Elle est finalement allée s'enfouir dans la fosse de sable qui se trouvait de l'autre côté du vert. Il fallut au pauvre Ben deux autres coups pour se sortir de cet obstacle. Il a calé la balle au coup suivant, ce qui lui donnait un total de huit coups pour ce premier et désastreux trou. Bob ne fit aucun commentaire.

Ben a retenu au deuxième trou son coup d'approche, si bien que sa balle s'est arrêtée avant d'avoir pu atteindre le vert. Ce vert étant surélevé, il se devait de tenter pour son troisième coup une approche lobée particulièrement délicate. « Tu es vraiment en mauvaise posture, de commenter Bob. Non seulement es-tu directement derrière une fosse de sable, tu dois en plus jouer sous le vent et à l'aveuglette. » Pour sa part, Bob avait visé le côté droit du vert et se trouvait en bonne position pour effectuer une petite approche roulée qui le laisserait tout près de la coupe. Comme de bien entendu, il a facilement réussi ce coup, ce qui n'a fait qu'ajouter au trouble de son élève. Craignant de calotter à nouveau la balle, ce dernier a frappé un coup lobé plutôt mou, mais qui a néanmoins touché le vert de justesse. Il lui a ensuite fallu trois roulés pour empocher sa balle. Ce jour-là, Ben a appris qu'un amateur qui possède quelques rudiments en gestion du parcours et qui s'efforce de jouer intelligemment ne sera pas toujours capable de réussir les coups qu'il envisage. Reste qu'il doit malgré tout continuer de réfléchir avant de jouer, sinon il ne pourra jamais acquérir de nouvelles notions de gestion du parcours. Or, au golf, la gestion du parcours est aussi cruciale que le petit jeu.

Complètement désarçonné et incapable de relaxer, Ben a continué sa laborieuse avancée où se multipliaient bogueys et coups d'approche bâclés. Estimant qu'il était en train de décevoir son moniteur, il éprouvait une certaine honte face à sa performance. Pour compréhensible qu'elle soit, cette attitude n'est pas justifiée :

un instructeur de la trempe de Bob Toski se préoccupera toujours davantage des progrès de ses élèves que de leurs performances ponctuelles. Ironiquement, en la circonstance, la médiocre prestation de Ben était une bonne chose ; en effet, plus Bob détecte de faiblesses techniques chez un client et plus il est mesure de l'aider.

Petit à petit, Ben a cessé de s'inquiéter de ce que Bob pensait de lui en tant que golfeur et il a commencé à se concentrer sur son jeu. Au septième trou, alors que sa balle était nichée sous un arbre, il a réussi avec son fer 5 un coup magnifique qui a atterri à 15 pieds de la coupe. Bob, qui se tenait un peu en retrait, a chaleureusement applaudi ce splendide coup d'éclat.

« J'ignore encore ce que je vais retirer de cette leçon, de lancer Ben, mais au moins je repartirai avec le souvenir de Bob Toski applaudissant un de mes coups. »

« C'était effectivement un très beau coup », de rétorquer Bob avant de ciseler un extraordinaire coup d'approche qui le laissa à moins de 10 pieds du trou. Ce sacré Bob. Même lorsqu'il donne une leçon, il est absolument incapable de réprimer son esprit de compétition.

Quoi qu'il en soit, Ben était maintenant en bonne position pour récolter son premier oiselet de la journée. Il a soigneusement étudié sa ligne de roulé, a scrupuleusement effectué chaque élément de sa prise de position initiale… mais peine perdue. Sa balle a dévié vers la droite et manqué la coupe. Avant que Bob ne joue à son tour, Ben lui a demandé ce à quoi il pensait lorsque, à l'occasion d'un tournoi, il était sur le point d'exécuter un roulé qui pouvait lui valoir un oiselet.

« Dans ces cas-là, de répondre l'intéressé, je me dis que je veux que la trajectoire de ma balle s'incline de quatre pouces et demi…

à la verticale. » Puis, alliant le geste à la parole, il a frappé un roulé qui disparaissait l'instant d'après au fond de la coupe.

Son oiselet réussi, Bob s'est tourné vers son élève et lui a lancé un de ces sourires espiègles dont il a le secret.

Au huitième trou, Ben a un peu forcé la note à son coup d'approche, ce qui fait que sa balle a traversé le vert pour s'arrêter dans l'herbe plus longue du tablier. L'élève a aussitôt cherché conseil auprès du maître. « Vas-y pour le roulé », de lancer ce dernier en songeant sans doute à tous les coups d'approche que Ben avait ratés dans le courant de la journée. « Donne-toi pour objectif de réussir ce trou en quatre coups. »

Armé de son fer droit, Ben a cogné un puissant roulé qui a dépassé le trou pour s'immobiliser 7 pieds plus loin. Voulant contrebalancer l'effet d'amortissement de l'herbe plus haute du tablier, il avait joué beaucoup trop fort. Il a également raté le coup suivant, qui lui aurait valu la normale.

Bob s'est empressé de le rassurer. « Ne t'en fais pas, lui a-t-il dit. C'est bien, tu essaies de t'adapter à des conditions de jeu qui te sont inconnues. Oublie que tu as joué un boguey et dis-toi que tu es en train de gagner en expérience. »

Ben a fini par se décontracter. Aux derniers trous, il jouait à son niveau habituel.

Lorsque maître et élève sont arrivés au quatorzième trou, une normale 3 de 120 verges, le vent s'est mis à souffler. Hésitant, Ben a demandé à Bob quel bâton il devait choisir en pareille circonstance. « Normalement, de dire l'élève, j'utiliserais un fer n° 9 ou n° 8. »

« Prends ton fer 8, alors, a répondu Bob. La fosse qui se trouve à l'avant du vert est très profonde, par contre on peut facilement faire un roulé à partir de celles qui sont derrière. » Encore une fois, il s'agissait là d'un principe élémentaire de gestion du parcours : entre deux obstacles, il faut toujours choisir celui qui va nous causer le moins d'ennuis. À l'instar de bien des golfeurs, Ben n'avait jamais songé à la chose sous cet angle. Rassuré quant à sa marge d'erreur et son choix de bâton, il a frappé avec son fer 8 un coup fluide et naturel qui a atterri sur le vert, en excellente position. Sur ce trou, Ben a sans peine réussi la normale.

Au départ du trou suivant, une longue normale 4, Ben a claqué son plus beau coup de départ de la journée. Optant ensuite pour un bois nº 3, il a envoyé sa balle à 10 verges du vert et s'est ainsi retrouvé à environ 80 pieds du trou proprement dit. Tous les coups d'approche qu'il avait ratés jusqu'ici sont alors revenus hanter son esprit. Sentant qu'il redevenait tendu, Ben craignait de perdre encore une fois tous ses moyens.

« Si je me trouvais dans cette situation pendant un tournoi, de lancer Bob, eh bien laisse-moi te dire que je serais en train de me régaler. Allez, détends-toi ! Ta balle est en parfaite position ! »

À cet instant précis, Ben a saisi en quoi son attitude mentale à lui différait de celle d'un maître golfeur. Tout est brusquement devenu clair dans son esprit et il a compris qu'avant de jouer, il devait tracer la trajectoire de la balle dans son esprit, qu'il devait la voir toucher un point précis du vert puis disparaître dans la coupe. Galvanisé par cette soudaine révélation, il a alors fouetté avec son cocheur d'allée un solide coup d'approche... et sa balle a touché le vert à l'endroit exact qu'il avait imaginé. Suivant l'inclinaison du terrain, elle s'est mise à rouler sur une distance d'environ 15 pieds pour s'arrêter à moins de 2 pieds de la coupe. Électrisé, Ben a aisément empoché la balle au coup suivant.

« Bravo ! de s'exclamer son instructeur. Tu sais que tu viens de jouer la normale sur le trou le plus difficile du parcours ? »

Maître et élève ont claqué au seizième trou leurs coups de départ respectifs, mais comme un autre groupe de golfeurs jouait sur le vert à ce moment-là, ils devaient attendre avant de s'attaquer à leur second coup. Ils se sont donc installés dans leur voiturette de golf, histoire de profiter un peu de ce répit, et se sont mis à discuter. De toute évidence, l'élève avait quelques questions à poser à son mentor. « M. Toski, a-t-il demandé, voilà soixante ans que vous pratiquez le golf. Alors, dites-moi, qu'est-ce qui vous pousse à continuer ? Qu'est-ce qui vous fascine dans ce sport ? »

Bob a enjambé le rebord de la voiturette et s'est levé pour embrasser du regard le panorama qui s'offrait à lui. « Aucune autre activité ne me procure une telle sérénité, a-t-il répondu. Il y a le soleil, l'air frais, la beauté du site. Sans compter que c'est un sport à la fois exigeant et stimulant ! Chaque trou est différent. Je n'ai pas besoin de foule pour m'acclamer. Tout ce qui m'intéresse, c'est de continuer à jouer chaque coup comme si c'était le premier. Pour moi, le golf est un défi sans cesse renouvelé. »

Les autres golfeurs quittaient maintenant l'aire de jeu. Bob a pris position et a cogné avec son fer 5 un coup en flèche à très faible trajectoire qui a touché terre à 10 verges du vert. Après avoir fait un bond prodigieux, sa balle a roulé très doucement jusqu'à sur le vert pour s'immobiliser à proximité de la coupe.

« Voilà un coup que personne n'utilise plus, d'annoncer Bob, très fier de lui. Et plus personne ne se donne la peine de l'enseigner. Aujourd'hui, il n'y en a plus que pour les longs coups bombés. Personnellement, j'aime cet aspect artistique du golf, cette variété de coups qu'il nous offre. Il y a en fait tant de coups possibles que c'est comme de jouer tous les instruments dans un orchestre de 14 musiciens ! Si on enregistrait toutes ces partitions séparément et qu'on fondait ensuite toutes les pistes ensemble, les gens diraient : "Quelle musique magnifique ! Mais qui donc joue dans cet orchestre ?" Ce à quoi je répondrais : C'est moi, Bob Toski, qui ai composé cette musique et qui joue tous les instruments. » Sur ce, fort amusé par son propre laïus, le vieux pro a éclaté de rire.

Aux seizième et dix-septième trous, Bob et son protégé ont récolté chacun une normale et un boguey. À l'occasion de cette leçon pratique, Ben avait appris comment pense et joue un expert. Bob lui avait en outre enseigné quelques-uns des coups spéciaux de son arsenal et lui avait fait prendre conscience de certaines de ses lacunes techniques.

Une fois la partie terminée, Ben a demandé à son instructeur sur quoi porteraient leurs prochaines leçons. « Nous allons travailler ton petit jeu », de répondre Bob tout de go.

« Mais… et ce crochet extérieur dont je n'arrive pas à me débarrasser ? On ne va pas travailler là-dessus ? »

« Pas pour l'instant, de rétorquer le maître d'une voix autoritaire. Quand tu joues sous pression, c'est ton petit jeu qui te fait défaut. »

Après avoir songé à la façon dont il avait joué tout au long de la journée, Ben a dû admettre que son mentor avait raison.

Ce dernier échange entre Ben et Bob nous laisse entrevoir un autre avantage important de la leçon pratique : en plus d'être un précieux outil d'apprentissage pour l'élève, elle fournit à l'instructeur une foule de données concernant les aptitudes et faiblesses de ce dernier. Il s'agit en somme d'un fabuleux instrument de diagnostic qui dévoile au moniteur, et ce de façon concrète, ce dont son client est capable. Grâce à cet outil, maître et élève seront en mesure de déterminer ce sur quoi ils vont devoir travailler au cours de leurs prochaines leçons. Bob Toski m'a dit que si c'était à refaire, il bâtirait sur le site de son école trois ou quatre trous d'exercice qui seraient réservés aux leçons pratiques.

J'ai peine à comprendre pourquoi si peu d'instructeurs ont recours à la leçon pratique. Imaginez un entraîneur de basketball qui serait présent aux séances d'entraînement, mais qui partirait à la pêche chaque fois que son équipe dispute un vrai match. Comment ferait-il pour identifier les qualités et les faiblesses de ses joueurs s'il ne voit pas comment ils réagissent dans le feu de l'action ? Comment s'y prendrait-il pour les orienter sur le plan stratégique ? Pareil entraîneur serait absolument incapable de maximiser le potentiel de son équipe… et il y a fort à parier qu'il perdrait promptement son emploi.

Instructeurs et élèves invoqueront toutes sortes de raisons pour expliquer la rareté des leçons pratiques. On dira par exemple que la leçon pratique prend plus de temps à jouer qu'une partie proprement dite, ce qui pose problème considérant que les clubs de golf sont de plus en plus achalandés et que les parcours fonctionnent généralement à capacité. Les moniteurs se diront par ailleurs trop occupés pour accorder tant de temps à un seul élève. L'élève, pour sa part, se plaindra du fait que la leçon pratique lui coûte plus cher qu'une leçon régulière.

Pour valables qu'elles soient, ces raisons ne justifient pas que l'on exclue totalement les leçons pratiques du processus de perfectionnement. Les élèves sérieux et les instructeurs consciencieux savent reconnaître la pertinence de ce type de leçon et se font un devoir de l'inclure dans leur programme d'entraînement. Et en ce qui a trait à l'achalandage des clubs de golf, il est à noter que les leçons pratiques se donnent généralement tôt le matin alors que les parcours sont encore déserts ou tard le soir, après le départ des derniers joueurs. Pour qu'une leçon pratique soit profitable, il ne faut pas nécessairement jouer dix-huit trous ; dans la plupart des cas, six ou neuf trous suffiront amplement. Je vous recommande également de prendre des leçons de ce genre à intervalles réguliers. Une leçon pratique aux deux ou trois mois fera généralement l'affaire.

Comme vos premières leçons pratiques auront pour principal but de mettre en lumière vos mauvaises habitudes de golfeur, il ne faudra pas que vous vous étonniez de leur caractère franchement diagnostique. Il est à noter que les faiblesses que votre moniteur identifiera seront sans doute fort différentes de celles que vous vous attribuez. Quoi qu'il en soit, ces leçons « sur le terrain » vous permettront de planifier plus efficacement le contenu de vos leçons régulières. C'est pour cette raison que je conseille aux élèves et aux instructeurs de recourir à la leçon pratique au tout début du processus d'apprentissage, puis encore une fois à la fin de chaque cycle de perfectionnement.

Le caractère de vos leçons pratiques changera avec le temps. Elles se délesteront éventuellement de leur fonction diagnostique du début pour s'intéresser aux problèmes spécifiques que vous êtes susceptible de rencontrer durant un match. Elles permettront par ailleurs à votre instructeur de décortiquer puis de stabiliser les divers éléments de votre routine préparatoire. C'est aussi par le truchement de la leçon pratique que vous apprendrez la gestion du parcours et affinerez votre capacité d'analyse, votre sens stratégique ainsi que votre petit jeu. La leçon pratique est donc à tous points de vue un outil essentiel au golfeur qui veut atteindre un haut niveau de jeu.

CHAPITRE 7

Un coup à la fois

Patty Pilz a failli renoncer au golf à cause de son petit jeu. Depuis, elle a appris quel rôle primordial joue la leçon pratique dans l'apprentissage de cet aspect du golf.

Patty jouait souvent au golf avec son père quand elle était jeune. Ce dernier était un golfeur de très haut niveau et il avait fait aménager sur un grand terrain vague dont il était propriétaire quelques verts et aires de jeu rudimentaires. Les soirs d'été, Patty se rendait là avec son papa pour s'y amuser en frappant quelques balles. Elle était par ailleurs une athlète accomplie qui se défendait aussi bien au tennis qu'à la natation. Pour ce qui est du golf, Patty a participé au championnat féminin junior du Brookside Country Club à l'été de ses douze ans… et elle était de loin la meilleure joueuse.

Tout au long de ce tournoi, Patty avait aisément dominé ses rivales. Puis, au huitième et avant-dernier trou, elle a frappé un coup d'approche qui est allé s'enfoncer dans une fosse située à droite du vert.

Armée de son cocheur de sable, elle a tenté une sortie en explosion pour se sortir de là, mais sa balle a percuté le talus qui bordait l'obstacle puis est revenue à sa place initiale, juste aux pieds de la jeune golfeuse atterrée. Patty a tenté le coup une nouvelle fois. Même résultat. La pauvre a recommencé ce coup encore et encore et encore, mais en vain. L'idée qu'elle pouvait envoyer sa balle dans la direction opposée pour aborder son coup d'approche de l'allée ne lui est même pas venue à l'esprit. Elle s'est acharnée ainsi jusqu'à ce que, enfin, elle parvienne à franchir le rebord de la fosse.

Ayant mis douze coups à se sortir de ce pétrin, elle a terminé le tournoi en deuxième place avec un coup de retard. Le titre lui avait littéralement filé entre les mains.

Il a fallu à Patty dix années pour se remettre de cette expérience traumatisante, dix années au cours lesquelles elle n'a participé à aucun tournoi de golf. À partir de ce jour, elle s'en est tenue au tennis; ses prouesses sur le court lui ont d'ailleurs valu une bourse d'études. À sa dernière année d'études collégiales, elle n'était plus admissible au programme de tennis et a donc décidé de tenter à nouveau sa chance au golf. L'équipe du collège l'a accueillie en son sein et, moins d'une année plus tard, Patty était parvenue à porter son handicap à 13.

À la fin de ses études, elle s'est établie en Floride parce que ses parents y avaient pris leur retraite. Elle a par la suite continué de pratiquer le golf assez régulièrement. Il y a huit ans, elle avait un handicap qui se situait aux environs de 10. À l'époque, ses parents étaient membres du Jupiter Hills Club, or on disait beaucoup de bien d'un pro qui travaillait là. Il s'appelait Bill Davis. Cette année-là, Patty a demandé à son père et à sa mère de lui offrir quelques leçons avec lui en guise de cadeau de Noël.

Bill Davis est l'un des meilleurs instructeurs que je connaisse en ce qui a trait au petit jeu. Il travaille avec plusieurs joueurs du circuit professionnel, dont Jerry Kelly, qui est aussi un de mes clients. En plus de prodiguer son enseignement aux membres de Jupiter Hills, il lui arrive de prendre sous son aile un élève particulièrement doué qui ne fait pas partie du club. Inutile de préciser qu'il ne travaille qu'avec des joueurs qui se montrent disposés à suivre ses conseils. En matière de perfectionnement au golf, Bill sait de quoi il parle et il n'a pas de temps à perdre avec un élève revêche.

Lorsqu'il est sollicité par un non-membre désireux de prendre des leçons, Bill a d'abord avec cette personne une longue conversation téléphonique. Il lui demande depuis combien de temps elle joue au golf, combien de temps elle consacre à l'entraînement et si elle a déjà pris des leçons. Il la questionne également sur la nature de ses objectifs.

S'il est satisfait des réponses du postulant, Bill lui offre un bloc de dix leçons, payable à l'avance. Il prévient ensuite l'heureux élu qu'il devra suivre à la lettre le programme de perfectionnement qu'il créera pour lui et qu'il lui faudra bien sûr s'exercer régulièrement entre les leçons. De son côté, Bill s'engage à rembourser le client si son jeu ne s'est pas amélioré après ces dix leçons et toutes ces heures d'entraînement.

À ce jour, cette garantie s'est avérée superflue. Bill n'a jamais eu à rembourser un élève.

Et j'estime que le succès de son enseignement réside dans le fait qu'il met l'accent sur le petit jeu dès le début du processus de perfectionnement.

À mon humble avis, davantage de moniteurs devraient le prendre en exemple. Malheureusement les choses se déroulent rarement ainsi. Le problème est que c'est généralement l'élève qui décide de l'orientation du processus d'apprentissage ; il ne s'engage généralement qu'à prendre une seule leçon à la fois et se présente plus souvent qu'autrement devant l'instructeur avec une requête spécifique. Si l'élève dit : « Je voudrais que vous m'aidiez à frapper des coups de départ plus puissants », l'instructeur ne répondra certainement pas : « Non, travaillons plutôt vos coups d'approche roulés ».

Depuis l'arrivée de Tiger Woods sur le circuit de la PGA, de plus en plus de golfeurs, dont certains professionnels, sont devenus de véritables obsédés des coups de départ. Impressionnés par les puissants claqués de Tiger, ces joueurs croient que la clé du succès au golf réside dans la portée des coups de départ. On comprendra donc que lorsqu'ils consultent un instructeur, c'est généralement pour lui demander de les aider à frapper la balle sur une plus longue distance.

Un golfeur capable de décocher un coup contrôlé de 300 verges aura certes un net avantage sur ses compétiteurs ; il ne faut cependant pas croire qu'il s'agit là d'un avantage décisif. Vous êtes persuadé du contraire ? Alors réfléchissez un peu au fait suivant : les coups de départ de Tiger Woods étaient aussi longs à son premier Tournoi des Maîtres que lorsqu'il a remporté ce prestigieux championnat deux années plus tard. Si Tiger a raflé la victoire en 1997, ce n'est pas parce qu'il avait augmenté la portée de ses coups de départ comparativement à 1995, mais parce qu'il avait perfectionné son petit jeu. Tout au long de ce second Tournoi des Maîtres, Tiger a fignolé avec ses fers courts et ses cocheurs des coups extrêmement précis. Ses roulés étaient meilleurs que jamais et il avait par ailleurs peaufiné son approche stratégique.

Quantité de grands golfeurs ont commencé par apprendre le petit jeu avant de s'attaquer à l'élan complet. Du temps où ils étaient cadets, ces futurs champions passaient leurs temps libres à inventer des jeux où coups d'approche et roulés tenaient la vedette; ils se mesuraient aux autres cadets dans ces jeux d'adresse, bien souvent avec quelque pari à la clé. Certains pros comme Jose Maria Olazabal et Phil Mickelson ont grandi avec un vert d'exercice sur leur propriété, ce qui fait qu'ils se sont attelés à maîtriser le petit jeu alors qu'ils étaient encore tout jeunes.

La plupart des sports d'équipe ont de ces techniques impressionnantes qui, tout comme les coups de départ, sont plus amusantes à apprendre et à répéter que les aspects plus subtils, moins flamboyants du jeu. Au niveau professionnel, on résout le problème en soumettant les joueurs à l'autorité d'un gérant ou d'un entraîneur. Il est inconcevable qu'une équipe de baseball se présente au camp d'entraînement et décide qu'elle va passer son temps à claquer des circuits rien que pour le plaisir de voir la balle filer très loin dans les airs. Un entraîneur qui connaît son affaire obligera ses joueurs à travailler les jeux multiples, les amortis, bref, toutes ces techniques stratégiques qui font d'une équipe une équipe gagnante.

De même, un entraîneur de basketball ne laissera pas ses joueurs s'amuser à courir d'un bout à l'autre du court en s'arrachant le ballon. Il les forcera à répéter quotidiennement diverses techniques de rebond, de lancer-franc et de défensive parce qu'il sait que le succès de son équipe dépend de ces techniques.

Si les instructeurs de golf n'insistent pas plus sur le petit jeu, c'est que leur position ne leur confère pas l'autorité d'un entraîneur de baseball ou de basketball. Mais avec ses élèves non-membres, Bill Davis s'accorde pareille autorité. Une fois qu'ils ont payé leurs dix premières leçons, ils doivent se soumettre à sa volonté. C'est lui et lui seul qui décide du contenu des leçons. Et, le connaissant, je sais que bon nombre d'entre elles porteront sur le petit jeu.

Il y a quelque chose d'ironique dans le fait que les non-membres qui prennent des leçons avec Bill à Jupiter Hills sont plus susceptibles de progresser que les membres qui, eux, décident de ce que Bill leur enseignera. Mais que voulez-vous, c'est comme ça ; la plupart des gens ne sont pas intéressés à apprendre le petit jeu et à s'y exercer.

Bill estime important qu'un nouvel élève développe sa touche avant de s'attaquer à la mécanique du coup roulé ; aussi a-t-il créé à cet effet une multitude d'exercices uniques et originaux dont l'un fait l'objet d'une gageure imaginaire. Bill dépose un bâton de golf sur le vert, environ un pouce derrière le trou et perpendiculairement à la ligne de visée de son élève. Si l'élève empoche sa balle ou la fait s'arrêter contre la tige du bâton, il gagne 1 $ imaginaire. Si la balle passe par-dessus la tige, l'élève perd 3 $ et il en perdra 50 s'il manque complètement et le trou, et le manche du bâton. Avant de commencer l'exercice, Bill annonce à l'élève qu'il ne lui enseignera la mécanique du roulé que lorsqu'il aura amassé plusieurs centaines de dollars imaginaires.

Il est évident que peu de joueurs parviennent à récolter autant de points. Aucune importance, puisque ce n'est pas là le réel objectif de l'exercice. Le fait est que, en essayant de gagner tous ces dollars fictifs, l'élève travaille sa touche ainsi que la cadence de son élan et, ce faisant, améliore grandement la qualité de ses roulés.

Il existe évidemment un tas d'autres exercices spécifiquement conçus pour développer la touche du golfeur. Chaque instructeur aura sa propre méthode. Remarquez que ce ne sont pas tous les moniteurs qui choisissent d'aborder cet aspect du roulé en premier ; certains préfèrent commencer par enseigner la mécanique du mouvement à leurs élèves. L'approche elle-même a peu d'importance. L'important, c'est que maître et élève s'entendent au départ sur un programme d'entraînement précis et que l'élève s'engage à travailler assidûment ses coups roulés.

C'est sur le parcours même que Bill Davis enseigne les autres composantes du petit jeu à ses clients. Le type de leçon pratique qu'il favorise diffère légèrement de celles que donne Bob Toski (voir chapitre précédent). Plutôt que de jouer une partie entière, Bill se rend sur le parcours avec son élève et tous deux vont de trou en trou afin d'étudier toutes les situations qui pourraient potentiellement se présenter au cours d'une partie.

Bill a récemment donné une leçon de ce genre à Patty. À un moment, ils se sont tous deux arrêtés à environ 25 pieds d'un vert, à un endroit où la pelouse était complètement aplatie par le passage des golfeurs. De là, on avait affaire à un trou particulièrement serré.

« Quelle est la meilleure façon d'atteindre la coupe ? », de demander Bill.

« Je crois que j'utiliserais mon fer droit » a répondu Patty. Il s'agissait là d'une solution pour le moins originale, mais Bill estimait que c'était la bonne. Le trou étant serré, le joueur jouissait d'une trop faible marge de manœuvre pour entreprendre un coup coché ; en revanche, l'herbe de l'allée et du tablier étant bien comprimée, il était possible de faire rouler sa balle jusqu'à sur le vert.

Un joueur ou un instructeur différent aurait peut-être préconisé un autre type de coup en pareille situation. Qu'importe. Le choix du coup n'est pas ici un facteur primordial. L'important est de choisir une approche qui permettra d'éviter les erreurs et les coups supplémentaires en bordure du vert. Croyez-en mon expérience : un golfeur qui aura appris à se tirer d'un mauvais pas en périphérie du vert aura tôt fait d'abaisser son handicap !

Patty et son instructeur se sont ensuite rendus au trou suivant. Ils se sont arrêtés à environ 40 verges du vert, puis Bill a déposé quelques balles dans l'herbe longue, les écrasant sous sa semelle de façon à laisser à son élève une position de balle aussi mauvaise que possible. « Maintenant, a-t-il dit, essaie d'en envoyer une sur le vert ! »

Avant de s'attaquer à ce coup impossible, Patty a longuement avisé le vert ainsi que l'impressionnante fosse de sable qui se trouvait juste derrière. Elle a enfin frappé un très haut coup lobé qui a touché l'allée à 5 verges du vert.

Lors de sa seconde tentative, elle s'est élancée plus puissamment et est parvenue à envoyer sa balle directement sur le vert. « Quand ta balle est enfoncée comme ça dans les herbes hautes, philosopha son instructeur, ça ralentit ta tête de bâton. D'ici, la plupart des gens ont tendance à frapper moins fort qu'ils ne le devraient parce qu'ils ont peur d'aboutir dans le sable. »

Bill a ensuite enfoncé d'autres balles dans les herbes hautes, mais beaucoup plus près du vert cette fois. De cette position, il a enseigné à Patty un coup amorti qui consistait à frapper les herbes d'abord pour propulser la balle vers l'avant, exactement comme on frappe le sable en premier lorsqu'on fait une sortie en explosion.

Puis, déposant quelques balles dans l'allée à environ 20 verges du vert, il a montré à son élève un coup d'approche roulé dont elle pourrait se servir lorsqu'elle serait confrontée à un trou serré. Bill lui expliqua que, quand les circonstances s'y prêtent, l'approche roulée est généralement un choix plus sûr que l'approche lobée.

L'analyse de la situation et un choix de coup intelligent : voilà les facteurs sur lesquels Bill met l'accent lorsqu'il donne une leçon pratique axée sur le petit jeu. Il s'agit là d'une méthode des plus judicieuses, surtout lorsque l'on considère que c'est généralement la connaissance et la maîtrise de ces éléments qui distinguent un maître golfeur d'un joueur qui a, par exemple, un handicap de 6. À bien des points de vue, ces golfeurs s'équivalent ; ils peuvent tous deux exécuter de bons coups de départ et atteindront le vert entre 8 et 12 fois par partie avec leurs fers. Or, c'est précisément à ces occasions où son coup de départ ou son coup d'allée ne touche pas le vert que le maître golfeur se distingue vraiment du handicap 6. Le maître golfeur bénéficie d'un petit jeu supérieur et il est plus compétent dans son analyse d'une situation donnée. Son choix de coup sera plus intelligent, plus stratégique, et son exécution plus précise.

Mais retournons à notre leçon pratique. Bill et Patty se plaçaient maintenant de plus en plus loin du vert. Voilà qu'ils étaient à 150 verges de la cible, sur un trou en pente descendante, avec l'océan juste en face qui leur soufflait au visage. « Comme tu l'as remarqué, annonça Bill, nous sommes ici forcés de jouer sous le vent. Alors, dis-moi, quel coup doit-on jouer ? »

Patty était capable de frapper la balle avec aplomb et constance, mais ses coups n'étaient généralement pas de très longue portée. Or, elle n'avait pas dans son sac de fer suffisamment long pour porter sa balle par-dessus la fosse de sable qui béait devant le vert. Un bois d'allée lui aurait certes permis de toucher sa cible, mais comme il s'agissait d'un trou étroit et serré, il était plus que probable que sa balle continuerait de rouler par-delà les limites du vert pour se retrouver dans une autre fosse de sable, en quel cas elle serait confrontée à un coup extrêmement hasardeux.

Bill lui a révélé qu'en pareille situation, la meilleure façon de procéder est de viser à côté du vert. Idéalement, Patty devait envoyer sa balle à droite du vert, ce qui lui permettrait d'éviter les fosses de sable et la laisserait en bonne position pour tenter une approche roulée. Elle avait beaucoup plus de chances de réussir la normale en jouant ce coup prudent qu'en prenant un risque inutile.

Cette solution ne s'applique évidemment pas à tous les golfeurs. Ceux qui sont capables de frapper de plus longs coups auraient sans doute choisi d'exécuter celui-ci à l'aide d'un fer ; en adoptant une trajectoire de balle suffisamment haute, ils auraient facilement pu éviter les fosses de sable et garder leur balle sur le vert.

Patty aurait sans doute pu jouer le coup différemment si le vent avait soufflé d'une autre direction, mais, vu les circonstances, l'approche proposée par Bill était véritablement la plus appropriée.

Au trou suivant, ils sont partis de l'allée, à environ 150 verges du vert. Le trou se trouvait à l'extrémité arrière droite de ce vert en forme de « L ». Patty fit le bon choix en visant la portion gauche du vert, le côté droit étant encerclé par une vaste fosse de sable. De là, elle aurait à empocher un très long roulé pour réussir son oiselet mais serait en meilleure position pour récolter la normale si elle ratait la coupe. Si elle avait tenté un coup d'éclat et visé le drapeau, il y aurait eu de fortes chances qu'elle se retrouve en difficulté. Encore une fois, c'est cette capacité de prendre des décisions stratégiques prudentes et éclairées qui sépare les golfeurs moyens des excellents golfeurs.

Les premières leçons que Bill avait données à Patty étaient évidemment beaucoup plus traditionnelles. Lorsqu'elle avait commencé à travailler avec lui, son jeu était caractérisé par un léger crochet extérieur ; dans l'ensemble, ses coups étaient bombés et peu puissants. « Son élan manquait d'amplitude, m'a confié Bill. Elle aurait facilement pu s'élancer dans une cabine téléphonique. »

Bien que l'instructeur et son élève se soient tout de suite atta-
qués au petit jeu et à la gestion du parcours, ils ont néanmoins
immédiatement abordé l'élan complet. Bill estimait, très justement
d'ailleurs, que Patty devait avant tout apprendre à frapper des coups
à trajectoire plus basse. Cet apprentissage s'avéra ardu, mais pro-
duisit les résultats escomptés : l'élan de Patty est maintenant constant et beaucoup plus puissant qu'auparavant.

De ce premier cycle de leçons, Patty a également acquis la
capacité de « rater » ses coups de façon prévisible. Dans son cas,
une erreur d'exécution se traduit toujours par un crochet vers la
droite. Elle sait que si elle frappe incorrectement la balle, celle-ci
ne se dirigera jamais vers la gauche.

Il est essentiel d'en arriver à pareille constance même dans les
coups manqués, car cela nous permet de découvrir notre marge
d'erreur. Lorsqu'un professionnel se présente au départ d'un trou
particulièrement difficile, il veut avoir la certitude que, quoi qu'il
arrive, sa balle ira dans telle direction et non dans telle autre. Ce
genre de détail peut assurément changer l'issue d'un tournoi. J'ai
connu des champions – Jack Nicklaus, Ben Hogan et Bruce Lietzke,
par exemple – qui savaient sans l'ombre d'un doute que leurs coups
ne dévieraient jamais vers la gauche. Inversement, Arnold Palmer
et Brad Faxon frappaient invariablement des crochets intérieurs
lorsque confrontés à un trou serré. Il devient plus facile de planifier sa stratégie une fois que l'on a stabilisé ses erreurs d'exécution ; cette connaissance nous donne également une plus grande
confiance en nous-mêmes. Lorsque Patty est parvenue à impartir
une certaine prévisibilité à ses coups « ratés », sa gestion du parcours s'en est vue grandement améliorée. Sachant que son coup ne
dévierait pas vers la gauche, elle pouvait par exemple viser le côté
gauche d'un vert sans risque de le rater complètement.

Au fil des leçons, Bill a trouvé une solution pour aider Patty à s'élancer avec davantage de constance – ce qu'ils appellent leur « remède ». Quand, dans le courant d'une partie, Patty éprouvait des problèmes avec son élan, c'était généralement parce que, n'effectuant pas correctement son transfert de poids au moment de l'impact, elle attaquait la balle de l'intérieur vers l'extérieur. Aujourd'hui, lorsque ce problème se manifeste, Patty applique le « remède » prescrit par Bill : s'écartant de la balle, elle effectue quelques moulinets avec son bâton à la façon d'un joueur de baseball. Ce mouvement rappelle à son corps la sensation qu'il doit ressentir en s'élançant. Une fois qu'elle sent que la bonne dynamique est rétablie, Patty peut frapper la balle sans plus se préoccuper de la mécanique de son élan.

Les petits exercices de ce genre constituent le meilleur moyen de rectifier les problèmes mécaniques qui se manifestent au cours d'un match. Vous devez ici faire confiance à votre instructeur, car il est la personne la mieux habilitée à déterminer quel exercice spécifique vous permettra, eu égard à votre élan et à ses tendances, de rapidement et efficacement restaurer votre touche.

Si mon histoire vous donne l'impression que les gains de Patty ont été aisément acquis et qu'elle a progressé de façon continue, sans à-coups… eh bien détrompez-vous ! Comme tous les golfeurs en devenir, elle a connu tout au long du processus d'apprentissage sa part de frustrations et de contretemps. Elle se souvient du temps où elle participait à des tournois amateurs en dépit du fait qu'elle n'avait pas encore assimilé les techniques que Bill lui avait enseignées. Ah ! quelle horrible gêne elle ressentait lorsqu'elle assenait maladroitement de pitoyables coups de départ. Le golfeur désireux de progresser doit s'attendre à vivre lui aussi pareils moments embarrassants. Et cela est tout à fait normal : on se sent toujours mal à l'aise et maladroit quand on adopte une nouvelle approche mécanique.

Durant cette période d'ajustement, tout le monde conseillait à Patty de retourner à son ancienne façon de faire. Il s'agit là encore une fois d'une réaction courante. La plupart des golfeurs ont tendance à inciter – parfois inconsciemment – leurs partenaires de jeu à se conformer à une norme et à ne pas outrepasser les limites de leurs propres capacités. Qu'un partenaire tente de se hisser au-dessus de cette norme et les autres se sentiront mal à l'aise de jouer avec lui. Il est probable qu'à la première occasion ces golfeurs suggéreront au partenaire travailleur et ambitieux de laisser tomber sa nouvelle technique pour revenir à ses anciennes habitudes.

À ces conseils pernicieux, Patty opposait une résistance passive quoique inébranlable. Elle souriait et hochait la tête en signe de compréhension, néanmoins elle continuait d'appliquer l'enseignement de son instructeur. Elle était certaine que ses efforts porteraient éventuellement fruit et elle n'a pas songé une seconde à déroger de la voie que Bill avait tracée pour elle. Elle était bien déterminée à tenir son engagement jusqu'au bout.

Dans le cas de Patty, les progrès furent en vérité assez longs à venir. Son emploi ne lui permettait pas de s'entraîner tous les jours ; elle ne pouvait s'exercer que durant ses jours de congé. Lorsqu'elle jouait une partie, elle essayait autant que possible de se choisir des partenaires qui ne voyaient pas d'inconvénient à ce qu'elle recommence deux ou trois fois le même coup, histoire de mettre en pratique ce qu'elle avait appris au cours de ses leçons.

Puis, quasiment du jour au lendemain, Patty s'est mise à jouer beaucoup mieux. Du coup, les sceptiques ne chantaient plus du tout la même chanson. Plutôt que de lui suggérer de retourner à son élan d'antan, ils lui demandaient maintenant où elle avait appris tous ces coups impressionnants qu'elle exécutait avec naturel et fluidité.

Dans le cas de Bill et Patty, la relation maître-élève a évolué au même rythme que les aptitudes de cette dernière : à mesure que son handicap s'abaissait, Patty réduisait la fréquence de ses leçons. Le contenu des leçons a lui aussi changé avec le temps. Petit à petit, l'enseignement de Bill s'est orienté davantage vers le petit jeu et l'aspect psychologique du golf et moins vers la mécanique de l'élan. Notez qu'il s'agit là d'une progression tout à fait naturelle.

L'an dernier, après six années de vaillants efforts, Patty a atteint le niveau de maître golfeur.

« Sur le chemin qui mène d'un handicap de 9 à celui d'un maître golfeur, raconte-t-elle, les choses ont tendance à se faire une à la fois. Vous commencez par soustraire un coup roulé à chaque partie que vous jouez. Puis vous réussissez un coup d'approche de plus. Une fois par partie, vous faites preuve de meilleur jugement dans votre choix de cible. C'est ainsi que, graduellement, on parvient à réduire son handicap. »

Au cours des dernières années, Patty a remporté le championnat de son club et a participé deux fois au tournoi U.S. Mid-Amateur. Mais ce qui est vraiment merveilleux, c'est que l'enseignement de Bill lui a permis de définitivement chasser de son esprit les doutes qui s'y étaient incrustés lors de ce désastreux tournoi qu'elle avait disputé au Brookside Country Club lorsqu'elle avait douze ans. L'année dernière, à l'occasion de cet important tournoi amateur féminin qu'est le Tri-Country Championship, Patty était en tête du peloton au tour final. La veille de cette ultime partie, elle se montrait excessivement nerveuse ; elle craignait de tout bousiller aux derniers trous comme elle l'avait fait à Brookside.

Conscient de sa nervosité, Bill lui a proposé une gageure. « Si tu joues la normale sur un trou, nous sommes quittes. Si tu réussis l'oiselet, je te donnerai le numéro du trou en dollars – un oiselet au troisième trou égale trois dollars, tu comprends ? Mais pour chaque trou où tu écoperas d'un boguey, c'est toi qui me donneras le numéro du trou en dollars. Alors, tu es partante ? »

Patty a toujours été dotée d'un fort esprit de compétition, aussi a-t-elle relevé le défi.

Le lendemain, sur le parcours, elle songeait moins à son classement au tableau qu'au pari qu'elle avait pris avec son entraîneur. Arrivée aux derniers trous, elle ne pensait qu'à une chose : ne pas perdre de son argent durement gagné au profit de son mentor.

Ce soir-là, lorsque Bill a répondu au téléphone, sa protégée jubilait à l'autre bout du fil. « Eh bien, mon cher ! J'espère que tu es bien assis parce que tu me dois 57 $. »

« Merveilleux ! » de s'exclamer l'instructeur ravi.

« Oh ! et en passant, j'ai joué un 76. J'ai remporté le tournoi avec six coups d'avance. »

C'est de bon cœur – et avec une bonne bouteille de champagne en prime – que Bill a réglé sa dette. Patty conserve toujours ces 57 $ dans un album souvenir.

Si vous décidez un jour de progresser en compagnie d'un instructeur, j'espère sincèrement que vous connaîtrez ce genre de joie, cette satisfaction intense et mutuelle qui caractérise parfois la relation maître-élève.

CHAPITRE 8

L'aspect psychologique du changement d'élan

Un changement d'élan majeur est un peu comme une intervention chirurgicale. Or, je connais très peu de gens qui seraient prêts à subir une opération sans avoir au préalable tenté d'autres formes moins draconiennes de traitement. Avant de s'abandonner au bistouri du chirurgien, la personne malade cherchera à recouvrer la santé soit en prenant des médicaments, en changeant ses habitudes alimentaires ou en suivant une cure quelconque. De même, le golfeur qui éprouve des difficultés sur le plan technique devra s'employer à trouver des solutions simples à ses problèmes avant de recourir aux grands moyens.

Il est du rôle du moniteur d'inciter son élève à travailler son petit jeu et à apprendre et répéter les techniques de base – prise, posture, alignement, etc. – avant de préconiser un changement d'élan radical. La forme physique de l'élève est un autre facteur qui risque d'influencer son niveau de performance. Si l'instructeur ne s'estime pas habilité à évaluer correctement la force et le degré de souplesse de son élève, il lui conseillera de consulter un spécialiste qui saura détecter toute faiblesse de ce côté-là. Bon nombre de problèmes d'élan sont dus à un manque de souplesse ou de tonus musculaire et pourraient donc être rectifiés par un conditionnement physique adéquat.

L'instructeur devra également évaluer l'attitude de son élève avant de prescrire une mesure aussi draconienne qu'un changement d'élan. La routine préparatoire de ce dernier est-elle stable et efficace ? Les cibles qu'il se fixe sont-elles précises ou approximatives ? Avant de frapper la balle, se représente-t-il dans son esprit la trajectoire qu'elle va emprunter ? Fait-il confiance à son élan ? Il ne faut pas non plus oublier que l'élan parfait n'existe pas. Je connais plusieurs maîtres golfeurs dont l'élan comporte de très nettes lacunes, ce qui ne les a pas empêchés d'atteindre un haut niveau de performance. Leur secret ? Ils font confiance à cette mécanique du mouvement qui leur est propre.

Ce n'est qu'après avoir mûrement considéré les facteurs mentionnés précédemment et longuement discuté de la chose que maître et élève pourront décider qu'un changement d'élan s'impose. Il leur faudra ensuite s'assurer de la pertinence des modifications qu'ils se proposent d'entreprendre. Si, par exemple, l'élève participe souvent à des tournois, l'instructeur aura à déterminer si la nouvelle technique produira une trajectoire de balle adaptée aux parcours sur lesquels ces compétitions se disputent.

Dans l'optique d'un changement d'élan majeur, l'instructeur devra choisir avec soin sa méthode d'enseignement. Il lui faudra adopter une approche pédagogique qui permettra à son élève d'assimiler aussi rapidement que possible les nouvelles données qui lui seront présentées. À un joueur doté d'un fort esprit analytique, le moniteur fera bien d'exposer en détail chaque composante d'une nouvelle technique et devra expliquer clairement ce qui fait son efficacité. Dans le cas d'un individu chez qui les sensations visuelles prédominent, l'instructeur obtiendra de meilleurs résultats en filmant l'élan de l'élève à l'aide d'une caméra vidéo pour lui montrer exactement ses lacunes. Et puis il y a ceux pour qui l'apprentissage passe par les sens ; ceux-là chercheront à savoir comment ils sont censés se sentir en exécutant le nouveau mouvement. La majorité d'entre nous sommes sensibles à ces trois principes – l'analytique, le visuel et le sensitif –, mais selon des proportions différentes. Cela dit, la plupart des golfeurs rêvent de pouvoir jouer de façon purement sensitive, c'est-à-dire en exécutant correctement l'ensemble du mouvement sans avoir à y réfléchir, en se basant uniquement sur la sensation qu'il procure.

Lorsque maître et élève discuteront de la possibilité d'un changement d'élan, l'instructeur devra évaluer de façon franche et réaliste le temps nécessaire à l'assimilation complète des transformations proposées. Autre point important : l'élève est-il prêt à accepter une baisse momentanée de son niveau de jeu ? Au golf, tout nouveau mouvement suppose une période d'adaptation, or l'élève doit s'attendre à traverser une période où il jouera plus mal qu'il ne jouait avant d'amorcer le processus. Il lui faut accepter que cet état de choses perdurera tant et aussi longtemps qu'il n'aura pas entièrement maîtrisé son nouvel élan.

Le changement d'élan s'effectuera beaucoup plus facilement s'il y a une bonne communication entre l'instructeur et l'élève. Dans le cas contraire, l'élève aura le sentiment de patauger dans la noirceur la plus totale. Le nageur qui voit la lumière discerne la berge devant lui ; que le courant se fasse plus violent et il redoublera d'effort parce qu'il perçoit distinctement son objectif et sait qu'il l'atteindra tôt ou tard. Par contre, le nageur qui se débat dans l'obscurité aura tendance à paniquer lorsque le courant fera mine de l'emporter parce qu'il n'a pas de point de repère et, de ce fait, ne sait pas dans quelle direction se diriger. Il y a de fortes chances que ce nageur de la nuit rebrousse chemin ou, pire, qu'il s'affole et puis se noie.

Pour vous guider tout au long de ce processus de transformation, vous aurez donc besoin d'un plan, mais aussi d'un modèle, d'un exemple à suivre. Demandez à votre instructeur de vous montrer des photos ou des films de professionnels qui exécutent, lorsqu'ils s'élancent, ce même mouvement que vous devez maîtriser. Ces images seront votre point de repère, la berge que, en pleine lumière, vous distinguerez, là, de l'autre côté de la rivière.

Sachez aussi que vous aurez à combattre constamment vos anciennes habitudes. Si vous désirez vraiment vous améliorer, il faut absolument que vous évitiez de succomber au sentiment de confort et de rassurante familiarité qu'elles procurent.

La majorité des golfeurs affichent une tendance ou une habitude dominante, une sorte d'idiosyncrasie physique profondément ancrée en eux, probablement depuis l'enfance. Bob Toski a un jour déclaré être convaincu que cette tendance qu'ont les golfeurs droitiers à faire des crochets de droite était due au fait que, enfants, ils s'étaient habitués à tendre la main droite pour s'emparer de tel ou tel objet. Ce serait cette habitude qui les incite à laisser leur main droite guider leur descente, d'où cette tendance au crochet extérieur. Bon, il s'agit là d'une hypothèse comme une autre. Pour ma part, je crois que le problème est que trop de gens apprennent à jouer en autodidactes ; ne bénéficiant pas de la supervision d'un moniteur, ils développent inévitablement toutes sortes de mauvaises habitudes. Au fond, l'origine de ces travers a relativement peu d'importance. Le fait est que nous possédons tous de ces habitudes dominantes qui tentent de s'affirmer chaque fois que nous nous élançons. Et le pire, c'est qu'elles choisissent généralement de revenir nous hanter quand nous jouons sous pression – lors d'une compétition, par exemple. C'est pourquoi il est si essentiel d'acquérir de saines habitudes dominantes.

Si l'habitude dominante que vous affichez nuit à votre élan, il vous faudra vous en défaire et la remplacer par une bonne habitude. Prenez patience, car le processus peut s'avérer assez long. De façon générale, une personne qui doit se débarrasser d'une mauvaise habitude mettra plus de temps à en acquérir une nouvelle qu'un individu qui, au départ, n'avait aucune mauvaise habitude.

Toute personne désireuse de rectifier une mauvaise habitude et d'assimiler à fond une nouvelle technique devra traverser trois paliers. Au premier palier, celui de « l'incompétence inconsciente », l'individu exécute le mouvement incorrectement et n'est pas conscient de ses erreurs. Vient ensuite le palier de la « compétence consciente » au cours duquel l'individu a appris la bonne technique et peut l'exécuter correctement, mais seulement s'il se concentre et dirige son corps de façon consciente. Le golfeur qui aura atteint le troisième palier, celui de la « compétence inconsciente », pourra s'élancer correctement sans songer à la mécanique du mouvement. On pourra dire de ce golfeur qu'il a acquis une habitude dominante saine et efficace. Cette habitude se manifestera lorsqu'il jouera sous pression, toutefois elle ne lui sera pas préjudiciable. Bien au contraire, elle lui sera bénéfique puisqu'elle lui permettra d'oublier l'aspect mécanique du mouvement et de se concentrer entièrement sur la cible. Si vous avez atteint ce stade d'exécution automatique, c'est que vous possédez entièrement votre nouvel élan.

L e pire ennemi de ce processus de transformation, c'est le confort.

La plupart des golfeurs sont à l'aise avec leur élan, même si
celui-ci est très mauvais. Ayant répété ce mouvement incorrect des
milliers de fois, ils y sont habitués. Ce geste leur semble naturel,
pourtant ils accumulent les coups manqués sans vraiment comprendre pourquoi.

Prenez, par exemple, un joueur qui a des difficultés avec son
approche lobée. Tantôt il frappe gras, tantôt il calotte la balle, et au
bout du compte il ne fait plus confiance à son cocheur, ce qui ne
fait qu'exacerber son problème. Découragé, il va chercher secours
auprès d'un instructeur.

Admettons que ce dernier détecte chez son client deux mauvaises habitudes : premièrement, son bâton se trouve à l'intérieur
du plan idéal à la montée et, deuxièmement, le mouvement dans
la partie inférieure de son corps est trop accentué.

Il est probable que le client accueillera les critiques du moniteur avec scepticisme : il n'a pas du tout l'impression que son bâton suit un tracé erroné à la montée ; il n'a pas le sentiment de bouger excessivement les jambes et les hanches lorsqu'il s'élance. Au
contraire, il a l'impression que son élan est plutôt gracieux. Le
problème est que ce golfeur ne voit pas l'orientation de son bâton
lorsque celui-ci disparaît de son champ de vision et qu'il ne voit
pas non plus le mouvement de son bassin et de ses jambes.

Même si l'élève fait confiance à son instructeur et prend
conscience de ses erreurs, il ne lui sera pas facile de changer pour
la simple raison que l'être humain est foncièrement incapable
d'évaluer objectivement ses mouvements. Que l'élève en question
change le plan de sa montée d'un demi-pouce vers l'extérieur et
il aura l'impression de l'avoir bougé d'un pied. S'il tempère, ne

serait-ce qu'un tout petit peu, le mouvement de ses membres inférieurs durant l'élan, il aura l'impression de tenir ses jambes trop raides et ses genoux bloqués. On peut donc dire que le golfeur qui exécute un nouveau mouvement correctement aura généralement l'impression que ce mouvement est exagéré. Ce sentiment d'exagération est par ailleurs un point de repère fort utile. Ainsi, le golfeur qui veut réorienter le plan de son élan de quelques pouces vers l'extérieur devra sentir qu'il pousse son bâton très, très loin dans cette direction.

Cette perception faussée du mouvement est l'une des raisons pour lesquelles il est plus difficile de progresser seul que sous la supervision d'un moniteur. Puisque vous ne pouvez pas vous fier à vos sens, vous avez besoin que quelqu'un d'autre vous observe et vous dise ce que vous faites vraiment. Même les joueurs expérimentés qui comprennent toutes les particularités techniques de leur élan peuvent bénéficier de l'opinion objective d'un instructeur. Tom Kite demande parfois conseil auprès de son cadet Mike Carrick lorsqu'il s'entraîne. S'il sent que son élan dévie vers l'intérieur à la montée, Tom demandera à Mike de tenir un bâton à la hauteur de sa hanche droite et en ligne directe avec son bassin. Dans l'éventualité où son élan dévierait du plan idéal, son propre bâton heurterait alors celui que tient Mike. Voyez-vous, malgré toutes ses années d'expérience, il est toujours impossible pour Tom Kite de savoir précisément quel tracé son bâton emprunte à la montée. Mais, contrairement à la majorité des golfeurs, il sait qu'il a besoin d'un regard extérieur pour l'informer et le guider. Or, il en va de même pour vous.

Je sais que vous n'avez pas tous les moyens d'avoir un instructeur à vos côtés chaque fois que vous vous entraînez. Votre instructeur devra donc recourir à des méthodes d'entraînement spécifiques qui vous permettront d'exécuter correctement un mouvement donné lorsque vous vous exercez seul.

Une chose reste certaine : pour que l'élève fasse de lui-même le bon mouvement, l'instructeur doit le familiariser avec la sensation que procure ce mouvement lorsqu'il est bien exécuté. C'est d'ailleurs pour cela que les moniteurs qui enseignent l'élan utilisent habituellement un sac lesté qu'ils déposeront sur le sol à la place de la balle. Cet outil fournit à l'élève un point d'impact qui lui permettra d'apprendre comment on se sent quand on frappe la balle en tenant correctement son bâton.

Afin de s'assurer que l'élève applique la bonne technique à l'entraînement, l'instructeur lui fera répéter certains exercices spécifiques. C'est ainsi que Jack Toski a procédé pour inciter son frère à changer sa prise et Bob lui-même emploie cette méthode depuis de nombreuses années. Si un élève a du mal à effectuer la rotation de son bras gauche dans la zone d'impact, Bob lui demandera par exemple de retirer complètement sa main droite au moment de l'impact. Le bâton n'étant plus tenu que par la main gauche, le bras gauche de l'élève est maintenant libre de pivoter correctement. En répétant encore et encore cet exercice, l'élève finira par « sentir » le mouvement et assimilera éventuellement la bonne technique.

L'élan est un mouvement complexe qui peut poser des tas de problèmes différents. Or, pour chacun de ces problèmes, il existe des dizaines et des dizaines d'exercices. Si vous optez pour un changement d'élan, demandez à votre instructeur de vous en montrer quelques-uns. Vous verrez, cela vous facilitera énormément la tâche.

P our assimiler rapidement un nouvel élan, il faut parfois s'exercer sans frapper de balle.

Étrange, direz-vous ? Après tout, l'objectif du golf n'est-il pas
d'envoyer une balle dans un trou ? Il est vrai que s'exercer sans
balle peut sembler ridicule de prime abord, mais permettez-moi de
vous convaincre du bien-fondé de la chose en vous racontant l'histoire de Hank Johnson et de ses élèves les plus doués, David et Greg
Belcher.

J'ai rencontré Hank il y a bien longtemps, à l'époque où nous
travaillions tous les deux à l'école du magazine *Golf Digest* : il y
enseignait l'élan et moi l'aspect mental du jeu. Il est par la suite
allé s'établir à Greystone, situé à Birmingham, dans l'Alabama.

Il y a quelques années, Hank s'est rendu compte que la majorité dc ses clients n'avait pas le temps de s'exercer. Il s'agissait pour
la plupart de gens de profession et leur boulot ne leur laissait que
très peu, voire pas du tout de temps libre. Ces élèves voulaient
certes devenir de meilleurs golfeurs, mais, quand arrivait le week-
end, ils avaient envie de jouer au golf, pas de s'y exercer.

Soucieux de les aider à progresser, Hank s'est demandé s'il n'y
avait pas une façon de leur faire répéter leur élan le soir, à la maison. Après avoir longuement étudié la question, il a inventé pour
eux des exercices variés dont certains nécessitaient l'utilisation –
et parfois la construction – d'accessoires rudimentaires. Il pouvait,
par exemple, les faire s'élancer en tenant un ballon de soccer entre
leurs mains et en pressant leur hanche gauche contre le cadre d'une
porte, ce qui les obligeait à amorcer la motion des mains et des bras
à partir des épaules.

Il a également fait construire à chacun d'eux un appareil spécial
composé d'une simple planche de contreplaqué d'environ 6 pieds
de long sur 3 pieds de haut, montée sur des pattes permettant de la

soutenir et de l'incliner selon un angle allant de zéro à quatre-vingt-dix degrés par rapport au sol. Grâce à cet outil, il est possible d'apprendre à s'élancer en suivant un plan idéal. Voici comment cela fonctionne. L'utilisateur doit commencer par incliner la planche selon un angle qui sera déterminé par le type de bâton utilisé. Il se placera ensuite derrière l'appareil comme s'il se préparait à frapper une balle et laissera le manche de son bâton reposer bien à plat sur le devant de la planche. Le manche du bâton doit balayer la surface de cette planche lorsque le golfeur s'élance, forçant ainsi ce dernier à suivre un plan optimum, ce qui en retour lui permettra de faire l'expérience des sensations reliées à une montée et à une descente correctement exécutées.

Hank a imaginé toute une série d'exercices faisant appel à cette « planche à élan ». Pour simplifier davantage la chose, l'élève peut tenir un balai entre ses mains plutôt qu'un bâton de golf. Cela semblera peut-être étrange, mais je vous assure qu'il est tout à fait possible de répéter correctement les mouvements associés aux différentes phases de l'élan à l'aide d'un balai.

Je ne procéderai pas ici à une description détaillée de ces exercices puisque Hank l'a déjà fait dans un ouvrage intitulé *How to Win the Three Games of Golf*.

Au début, Hank se disait que ces exercices n'étaient que de pâles substituts à un entraînement réel qui, lui, devait se faire au terrain d'exercice avec balles et bâtons. Puis il a remarqué que les élèves qui n'avaient de temps que pour s'entraîner à la maison avec les exercices qu'il avait conçus à leur intention progressaient plus vite que ceux qui s'entraînaient régulièrement et exclusivement au terrain d'exercice.

Hank ne savait trop que penser de ce phénomène, mais, à force d'y réfléchir, il a fini par comprendre ce qui se passait. Il en est finalement arrivé à la conclusion que frapper une balle de golf et apprendre la bonne manière de s'élancer sont deux choses bien différentes.

Lorsqu'un golfeur frappe une balle, même si ce n'est que pour s'exercer, il veut lui imprimer une belle trajectoire et il veut qu'elle file dans la direction voulue. Bien souvent, qu'il s'en rende compte ou non, la satisfaction d'une jolie trajectoire de balle bien contrôlée importe plus pour lui qu'une bonne exécution technique de l'élan. Mais la vérité est qu'un nouveau mouvement correctement exécuté produira généralement de très mauvais coups, puisque l'élève ne l'a pas encore assimilé.

Hank sait fort bien que la majorité des golfeurs qui ont un mauvais élan ont développé des travers qui compensent leurs lacunes. Par exemple, si le plan de leur élan va de l'intérieur vers l'extérieur, ils se seront habitués, inconsciemment bien sûr, à refermer la face de leur bâton au moment de l'impact. Cela fonctionnera parfois suffisamment bien pour produire un coup décent, mais une manipulation de ce genre est absolument impossible à répéter de façon constante. Or, la constance est le propre du golfeur de haut niveau.

Un golfeur frappera généralement mieux la balle avec son mauvais élan, auquel il est habitué, que lorsqu'il s'efforce d'appliquer les nouvelles techniques que son instructeur tente de lui inculquer. C'est un fait. Mais le problème, c'est que la trajectoire de sa balle lui fournit une information erronée quant à la qualité de son élan. Sur le terrain d'exercice, ce golfeur aura tendance à retourner à ses mauvaises mais confortables habitudes et ne fera conséquemment aucun progrès.

Les élèves de Hank qui s'exerçaient chez eux, dans leur garage ou leur sous-sol, n'étaient pas distraits par la trajectoire de leur balle puisqu'ils n'en utilisaient pas. Ils se concentraient uniquement sur l'exécution des mouvements que leur très créatif instructeur leur avait montrés et, de ce fait, étaient en mesure d'assimiler beaucoup plus rapidement ces nouvelles techniques.

À cette époque, Hank me contactait parfois pour me faire part de ses observations. Un jour, il m'a questionné au sujet de certaines études en kinésiologie et en psychologie du sport, études qui s'intéressaient à la façon dont les meilleurs entraîneurs, toutes disciplines confondues, inculquent de nouvelles techniques à leurs athlètes. Hank voulait savoir si les principes sur lesquels reposait sa méthode coïncidaient avec les résultats des chercheurs. Je lui ai répondu par l'affirmative.

Un bon ami à moi, le docteur Bob Christina, de l'université de la Caroline du Nord, étudie justement le processus d'acquisition d'aptitudes athlétiques chez l'humain. Il a publié le résultat de ses recherches dans un manuel intitulé *Coaches' Guide to Teaching Sport Skills*. Cet ouvrage nous apprend que pour favoriser son assimilation, une technique athlétique complexe doit idéalement être subdivisée en tâches plus simples. Par exemple, un entraîneur qui veut enseigner le triple saut périlleux avec double vrille à un jeune plongeur devra d'abord isoler pour lui les différentes composantes du mouvement. Avant de le faire travailler à la piscine, il le familiarisera avec l'action de rebond du tremplin en lui faisant faire du trampoline. Toujours sur le trampoline, il lui apprendra à faire des sauts périlleux, puis des vrilles. Lorsque le plongeur aura maîtrisé chacun de ces différents éléments, l'entraîneur lui demandera de les conjuguer en un seul mouvement fluide. Une fois que l'athlète pourra exécuter la technique complète sur le trampoline, l'entraîneur lui permettra d'en faire l'essai à la piscine.

Les exercices que Hank avait imaginés pour que ses élèves puissent s'entraîner à la maison faisaient essentiellement cela : ils déconstruisaient le mouvement. Chacun de ces exercices se concentrait en effet sur une portion très spécifique de l'élan.

Dans le cadre de ses recherches, Bob Christina a également découvert que la peur de l'échec est un obstacle majeur dans l'apprentissage d'une nouvelle technique. Cela aussi concordait avec ce que Hank avait pu constater. L'entraînement sur le terrain d'exercice introduit un élément d'anxiété dans le processus d'apprentissage si ce n'est que parce que le joueur est soucieux de frapper des beaux coups qui filent bien dans les airs. Mais, comme je l'ai mentionné, ces « beaux coups » l'incitent à reprendre ses anciennes et imparfaites habitudes plutôt que de persister dans une nouvelle technique avec laquelle il n'est pas encore à l'aise. En donnant l'occasion à ses élèves de s'exercer à la maison et sans balle, Hank a éliminé cet élément anxiogène.

La méthode de Hank coïncidait également avec d'autres témoignages que j'avais recueillis. Julie Inkster, cette grande vedette de la LPGA, m'a confié que lorsqu'elle avait commencé à jouer au golf, elle répétait son élan sur un court de squash. Le regretté Harvey Penick faisait faire à ses golfeurs des exercices parfois étranges – s'élancer dans les pissenlits avec un coupe-gazon, par exemple –, mais qui leur apprenait néanmoins à exécuter correctement le mouvement.

Hank a pu vérifier l'efficacité de ses méthodes en observant les progrès impressionnants de certains de ses élèves. Le cas des frères Belcher m'a semblé particulièrement intéressant. David et Greg Belcher sont deux solides gaillards dans la trentaine, trapus et athlétiques ; en termes de boxe, David serait un poids welter et Greg, un poids moyen. Leurs fonctions au sein de l'entreprise familiale les amènent à régulièrement jouer au golf avec des clients. Avant de rencontrer Hank, leur niveau de jeu était honnête, sans plus – David avait un handicap de 15 tandis que celui de Greg se situait aux alentours de 18. Comme bien des joueurs, les frères Belcher étaient des autodidactes du golf. Puis, un beau jour, ils ont décidé qu'ils en avaient assez de jouer dans les 80, 90. Ils voulaient réduire leur handicap pour arriver à frôler, si possible, le 70.

Ayant déjà fait la connaissance de Hank, ils lui ont demandé s'il consentirait à leur donner des leçons. « Voulez-vous vraiment apprendre à jouer au golf, de demander Hank, ou voulez-vous simplement corriger quelques-uns de vos défauts pour pouvoir jouer un peu mieux ? »

Les frères Belcher ont répondu qu'ils voulaient vraiment apprendre le golf.

Hank les a bien avertis qu'il s'agissait là d'un processus de longue haleine. « Pas de problème », de répondre les deux frères. Sur ce, Hank a donné à chacun d'eux une copie de son livre, puis il leur a demandé de ménager, à la maison et au bureau, un espace où mettre de l'équipement d'exercice. Ensuite, il a installé dans ces lieux des planches à élan ainsi que d'autres appareils. Il leur a ensuite enseigné les différents exercices qu'ils allaient devoir faire avec ces équipements.

La méthode de Hank n'est toutefois pas uniquement composée d'exercices d'intérieur. David et Greg devaient également s'exercer à l'extérieur, quoique là aussi l'entraînement était confiné à des exercices très spécifiques, conçus par Hank lui-même. À l'occasion d'un de ces exercices – et pour ne citer qu'un seul exemple – l'élève doit exécuter des coups d'approche lobés alors que sa balle est placée à l'intérieur du « T » formé par un râteau qui repose sur le sol devant lui. Le golfeur doit effectuer correctement sa montée s'il veut éviter de heurter la tête du râteau, puis adopter le bon plan à la descente pour éviter le manche de ce même râteau. Cet exercice aide l'élève à consolider la technique qu'enseigne Hank, spécifiquement pour ce type de coup.

Depuis qu'ils avaient commencé à prendre des leçons avec Hank, David et Greg ne jouaient presque plus avec d'autres golfeurs et avaient momentanément cessé de participer à des tournois. Le fait qu'ils avaient tous les deux le même instructeur et suivaient le même programme d'entraînement était pour eux un réel atout. Cela leur permettait de s'aider et de se motiver mutuellement.

Les frères Belcher ont traversé des périodes où ils progressaient lentement, puis d'autres où ils ne progressaient pas du tout. Dès leur seconde leçon, Hank a changé la prise de bâton de David ainsi que la façon dont il prenait position devant la balle. Avec cette nouvelle prise et cette nouvelle posture, David était incapable de frapper des coups de plus de 60 verges. Sur le parcours, il ne parvenait pas à jouer mieux que 100. Il a néanmoins choisi de persister.

« Vous allez avoir l'impression de faire trois grands pas en arrière, leur disait Hank, mais quand les choses vont se mettre à avancer, croyez-moi, ça va aller très vite. »

Et il avait raison. Greg et David ont bientôt commencé à s'améliorer. Chose curieuse, David semblait progresser plus rapidement que Greg. Lorsque Hank a questionné les deux frères à ce sujet, il a découvert que David s'acquittait de ses exercices d'intérieur beaucoup plus assidûment que Greg, ce qui expliquait pourquoi il progressait plus rapidement et plus aisément que ce dernier. Moins prompt que son frère à l'entraînement, Greg a dû redoubler d'effort pour rectifier le plan de son élan et pour se débarrasser de son crochet extérieur involontaire.

David Belcher se souvient de tous ces soirs où son épouse venait voir ce qu'il manigançait dans le garage des heures durant, de la façon dont elle secouait la tête d'un air consterné en observant son drôle de manège avec cette planche inclinée et ce balai qu'il avait entre les mains. N'empêche que ces exercices, pour bizarres qu'ils aient pu paraître, ont porté fruit. David a maintenant un handicap de 3. Ses coups de départ ont énormément gagné en précision et en portée, ses coups d'approche touchent le vert avec régularité et ses roulés sont infiniment meilleurs qu'avant. Greg, pour sa part, a porté son handicap à 6. Inutile de préciser que lorsque les frères Belcher jouent avec leurs clients, ceux-ci sont vraiment très impressionnés.

Contrairement à David et Greg Belcher, très peu d'élèves choisissent de profiter pleinement de l'enseignement de Hank. Ce dernier estime en effet que sur vingt personnes qui viennent le consulter pour des leçons, une seule se montre disposée à suivre son programme d'un bout à l'autre alors que les dix-neuf autres cherchent plutôt une solution miracle à leurs problèmes. Or, au golf, les solutions miracle n'existent pas. Acquérir de nouvelles techniques demande temps et effort.

Des gens comme Bob Christina et Hank Johnson ont vraiment beaucoup à nous apprendre et leurs méthodes peuvent certainement aider le golfeur désireux de transformer radicalement son élan à progresser plus aisément et en moins de temps. Notez que l'automne est la période idéale pour amorcer un changement d'élan. Ainsi, vous aurez tout l'hiver pour faire vos exercices d'intérieur et, le printemps venu, vos progrès seront d'autant plus rapides.

CHAPITRE 9

La pêche en haute mer et autres distractions

Il y a de cela environ un an, Dick Kreitler, un de mes bons amis, était en bonne voie d'abaisser son handicap jusque sous la barre du 10. Puis, quelque chose est venu stopper ses progrès. Voici son histoire.

Dick est conseiller financier de profession. Il y a une quinzaine d'années, il a compris que, en cet âge d'or de la télécommunication, il n'était plus nécessaire d'habiter New York pour s'imposer sur Wall Street. Il est donc parti s'installer à Ketchum, dans l'Idaho. De là, il a tranquillement géré son portefeuille de même que celui de ses clients. Les affaires ont été bonnes, si bonnes en fait qu'il a pu prendre sa retraite bien avant ses cinquante-cinq ans.

Dick avait choisi Ketchum parce qu'il tenait à profiter des pentes de ski de la station Sun Valley. Peu après son arrivée, il a découvert qu'une école de golf occupait les locaux de la station durant les mois d'été. Ayant très peu pratiqué le golf dans sa vie, Dick a néanmoins décidé de commencer à jouer et à prendre des leçons. Puis, petit à petit, le golf a supplanté le ski pour devenir son sport de prédilection. À force de travail, il est parvenu à porter son handicap à 15. Après avoir pris sa retraite, il voulait jouer autant que possible et passait donc ses hivers en Floride en compagnie de son épouse. Le couple a fait l'acquisition d'une résidence à Vero Beach et tous deux sont devenus membres du Orchid Island Golf & Beach Club. C'est là que Dick a fait la connaissance d'un moniteur du nom de Mark Heartfield.

Originaire du Massachusetts, Mark est un jeune et brillant instructeur. Il passe ses hivers à Orchid Island et ses étés à Sakata Head, à Nantucket.

En ce qui a trait à l'enseignement du golf, Mark a des idées résolument progressistes. Il se démarque des autres moniteurs en ce sens qu'il ne travaille qu'avec des élèves qui s'engagent à prendre avec lui une série de leçons. Ces leçons seront typiquement divisées en trois tranches distinctes : le premier tiers portera sur l'élan et sera donné au terrain d'exercice ; le second tiers sera consacré à l'apprentissage du petit jeu ; quant au dernier tiers, il sera composé de leçons pratiques qui mettent l'accent sur la gestion du parcours.

Lorsque Dick a choisi Mark comme instructeur, il s'est engagé à suivre ce programme. Mais il n'y avait pas que des leçons de golf au menu. Dick étant un homme trapu et musclé, Mark estimait qu'il gagnerait à devenir plus souple et lui a donc suggéré de consulter Gary Kitchell, un excellent kinésithérapeute de la région. Suivant son conseil, Dick est allé voir Gary et a commencé à faire des exercices d'assouplissement.

Dick prenait avec Mark une leçon de golf par semaine. C'était en tout point un élève modèle ; il s'entraînait diligemment et se présentait toujours aux leçons avec en tête une technique précise sur laquelle il désirait travailler. Selon Mark, la capacité d'apprentissage d'un élève comme Dick est de beaucoup supérieure à celle d'un client qui arrive à une leçon en disant : « Alors, monsieur l'instructeur, sur quoi va-t-on travailler aujourd'hui ? »

Sous la tutelle de Mark, Dick a fait des progrès rapides. Il a beaucoup travaillé sa prise de position initiale et a appris à se décontracter en s'élançant, ce qui fait que ses coups ont acquis une constance qu'ils n'avaient pas auparavant. Son petit jeu est devenu beaucoup plus précis et, grâce aux leçons portant sur la gestion du parcours, il a appris à faire moins d'erreurs en jouant. Bref, en l'espace d'un hiver, son handicap est passé de 15 à 9.

Notez qu'il s'agit là d'un progrès pour le moins prodigieux. Dick jouait dorénavant dans les 70 et sa passion pour le golf était plus forte que jamais. L'hiver suivant, il est retourné à Vero Beach avec la ferme intention de poursuivre ses leçons avec Mark et de s'améliorer encore davantage.

Cette saison-là, maître et élève se sont entendus sur le fait qu'un changement d'élan s'imposait. Dick avait un élan très vertical qui produisait généralement de hauts crochets extérieurs. Comme il jouait souvent dans des conditions venteuses, cela posait problème. Les golfeurs qui, comme Dick, tendent à frapper des coups à trajectoire très haute savent combien il est difficile de jouer par jour de grand vent : quand la balle ne change pas carrément de direction, elle est soufflée encore plus haut dans les airs et ne parcourt pas la distance prévue ; les coups sont toujours soit trop longs, soit trop courts. Si Dick voulait avoir une chance de porter son handicap à 5 ainsi qu'il le désirait, il allait devoir apprendre à frapper des crochets intérieurs à plus basse trajectoire. Pour cela, il avait besoin de transformer son élan pour en arriver à un point où son bâton suivrait un plan plus horizontal.

Mark et Dick ont donc commencé à travailler ce fameux changement d'élan. Ce dernier était bien déterminé à assimiler la nouvelle technique, si déterminé, en fait, qu'il voulait maintenant lui consacrer l'essentiel de ses leçons. Mark estimait que son élève avait encore beaucoup de travail à faire du côté de son petit jeu, néanmoins il ne pouvait que se plier au désir de son client. Ils ont donc délaissé le petit jeu pour passer la presque totalité des leçons à répéter le nouveau mouvement au terrain d'exercice.

À cause de cette concentration exagérée sur l'élan complet, les marques de Dick se sont mises à monter de façon alarmante. Sur le parcours de Orchid Island, il y a des obstacles d'eau partout et la majorité des trous sont très serrés. Bref, ce n'est pas vraiment l'endroit idéal pour étrenner un nouvel élan. Plus Dick envoyait de balles dans l'eau, plus son jeu se faisait mécanique – Mark a tout de suite remarqué cela. Lorsqu'il disputait un match, l'élève devenait si tendu qu'il avait peine à appliquer les techniques répétées au terrain d'exercice.

Le handicap de Dick est brusquement passé de 9 à 11. Comme par hasard, c'est à ce moment précis qu'il s'est découvert une passion pour la pêche en haute mer.

Personnellement, je ne connais rien à la pêche hauturière, cependant beaucoup de gens – dont Dick lui-même – m'ont assuré qu'il s'agissait d'une activité absolument palpitante.

Transporté par sa nouvelle passion, Dick multipliait les voyages de pêche. Il passait parfois des semaines entières en mer, si bien que son entraînement au golf s'est fait de plus en plus sporadique. Il a bientôt cessé de progresser.

Dick ne s'est pas dit : « Comme ça ne marche plus très fort au golf, je vais m'intéresser à autre chose. » Il n'a pas volontairement choisi d'abandonner ; la chose s'est faite tout naturellement. Ce n'est que récemment qu'il a compris qu'il y avait un lien entre la montée de son handicap et son soudain intérêt pour la pêche en haute mer.

La réaction de Dick est commune à bien des golfeurs. Tant qu'ils font des progrès, l'enthousiasme est là, mais dès qu'ils cessent de progresser, leur zèle et leur engagement tiédissent. Le problème est que, au golf, il est impossible de progresser de façon égale et continue. C'est d'ailleurs pour cela que la plupart des golfeurs qui s'engagent dans un programme de perfectionnement abandonnent en cours de route. Mark Heartfield en sait quelque chose. La majorité des membres de Orchid Island sont des personnes à la retraite et qui, donc, peuvent consacrer plus de temps au golf que jamais auparavant. Ils tiennent toujours la forme et ont les moyens de prendre autant de leçons et de passer autant de temps qu'ils le désirent au terrain d'exercice.

Mark estime qu'un nouveau client sur deux prétend vouloir s'engager dans un programme de perfectionnement à long terme, mais qu'en fin de compte seulement 15 p. 100 ont le courage et la volonté d'aller jusqu'au bout. Et ceux qui abandonnent ont toujours une excellente raison de le faire. Ils se trouvent une passion subite pour la cuisine, le bénévolat ou… pour la pêche en haute mer.

À mon avis, ces golfeurs se montrent trop impatients. Or, il est impossible de devenir un golfeur de haut niveau si l'on est incapable de faire preuve de patience et si sa seule motivation est de réduire son handicap.

Pour persister sur la voie du perfectionnement, il ne faut pas se laisser séduire par nos progrès ponctuels, mais par le processus de perfectionnement dans son ensemble. Dites-vous bien qu'il vous est impossible de contrôler la vitesse à laquelle vous progressez. Il est certain que vous allez vous améliorer si vous travaillez, cependant vous ne pouvez pas simplement décider quand surviendront ces améliorations et quelle sera leur ampleur. Elles viendront, voilà tout.

Il vous est par contre possible de contrôler votre niveau d'implication dans le processus de perfectionnement. Si vous aimez les défis et désirez devenir un meilleur golfeur alors pourquoi ne pas vous faire plaisir en vous engageant à travailler sérieusement ?

Un instructeur de la trempe de Mark Heartfield peut certainement vous aider en ce sens. Mark fait tout ce qu'il peut pour rendre ses leçons divertissantes. Doux et calme, il ne manque jamais d'encourager ses élèves. Quand l'un d'eux se sent frustré parce qu'il a du mal à saisir une technique, Mark fait de son mieux pour simplifier les choses afin de faciliter le processus d'apprentissage. Mais dites-vous bien que l'instructeur ne peut que vous assister ; il ne peut ni s'entraîner à votre place, ni faire miraculeusement de vous un meilleur golfeur. Une fois que vous aurez sollicité son aide, il n'en tiendra qu'à vous de faire les efforts nécessaires pour progresser.

« Les gens qui suivent mon programme jusqu'au bout sont généralement des personnes méthodiques et dotées d'un bon sens de l'organisation, de dire Mark. Elles ont également en commun une ferme volonté de s'améliorer ainsi qu'une réelle passion pour le golf. »

Pour ma part, je crois que ces personnes sont aussi attirées par le processus de perfectionnement lui-même.

Je suis certain que Dick Kreitler se remettra au golf d'ici peu. C'est un type discipliné et bien organisé qui a su poursuivre sa carrière de conseiller financier même s'il se trouvait à 3 000 kilomètres de New York. Tous les matins, il devait se lever à 4 h 30 pour se préparer à l'ouverture de la Bourse. Il comprend maintenant la cause de cette période de frustration qu'il a connue et il sait ce qu'il va devoir faire pour progresser au golf sans pour autant délaisser la pêche en haute mer. Quoi qu'il en soit, Mark va l'inciter à consacrer plus de temps à son petit jeu, ce qui devrait lui permettre de récolter de meilleures marques.

Dick ira-t-il jusqu'au bout ? Ça, vous le savez maintenant aussi bien que moi, ce n'est qu'une question de patience.

CHAPITRE 10
L'aspect psychologique de l'entraînement

De par sa nature, le golf est une activité conviviale. Cela dit, tous les grands golfeurs que j'ai rencontrés au cours de ma carrière considèrent plutôt qu'il s'agit d'un sport solitaire, et particulièrement lorsqu'il est question d'entraînement.

Ben Hogan est l'archétype du golfeur solitaire. En fait, il a toujours aimé être seul. Peut-être est-ce dû au fait qu'il a vécu une enfance difficile. Peut-être sentait-il qu'il devait s'isoler pour travailler et acquérir une maîtrise absolue du golf. Peu importe. Ben chérissait tant sa solitude qu'il s'était inventé un alter ego, Henny Bogan, pour lui tenir compagnie.

À l'entraînement, Ben se plaçait toujours à l'extrémité droite du terrain d'exercice parce qu'il ne voulait pas avoir d'autres joueurs devant lui. J'ai passé un peu de temps à Fort Worth avec lui il y a de cela plusieurs années, et j'en ai profité pour lui demander ce qui motivait ce comportement. Il m'a répondu qu'il ne voulait pas voir ce que faisaient les

autres joueurs parce qu'il avait déjà suffisamment de mal à analyser et à peaufiner sa propre technique. À l'apogée de sa carrière,
alors que son élan était devenu la référence dans le golf professionnel américain, les gens s'attroupaient pour le regarder s'entraîner. Conscient qu'il était payé pour que les gens le regardent
jouer, Hogan tolérait ces indiscrétions. Il insistait cependant sur un
point : personne ne devait lui adresser la parole pendant qu'il travaillait. « Un p.d.g. ne tolérerait pas que tout un chacun fasse irrup-
tion dans son bureau pour le déranger ou lui poser des questions,
disait-il. Eh bien c'est pareil pour un golfeur. »

On m'a raconté bien des histoires concernant la façon dont
les grands golfeurs travaillent, et je peux vous dire que le thème
de la solitude revient très souvent. Byron Nelson a décroché son
premier boulot d'instructeur à l'époque de la grande dépression.
Durant la semaine, le club était pratiquement désert, les clients
étaient rares et Byron avait donc amplement de temps pour s'entraîner. Comme il n'y avait personne au terrain d'exercice, il pouvait frapper un coup, marcher jusqu'à sa balle, puis la frapper à
nouveau en sens inverse. Paul Runyan a connu ce genre de situation alors qu'il était à l'emploi d'un club dans l'Arkansas. Il a profité de cette occasion pour travailler son petit jeu.

Dans sa jeunesse, alors qu'il habitait San Francisco, Ken Venturi avait un problème de bégaiement si sévère qu'il évitait de
participer à des sports d'équipe par crainte de se faire ridiculiser
par ses coéquipiers. S'il s'est tourné vers le golf, c'est principale-
ment parce qu'il s'agit d'un sport que l'on peut pratiquer seul. Il
a passé un nombre incalculable d'heures au terrain d'exercice de
Harding Park à frapper des balles et à se parler à haute voix. Il faisait
semblant d'être un annonceur sportif et décrivait comment son
prochain coup allait décider de l'issue d'un grand championnat.

Ken soutient aujourd'hui que c'est en apprenant à régler le rythme de son élocution à la cadence de son élan qu'il est parvenu à se débarrasser de son bégaiement.

Mark O'Meara prétend qu'à partir de l'âge de treize ans, le golf a été son seul et meilleur ami.

À mon avis, le fait que tous ces grands golfeurs aiment s'exercer seuls n'est pas une coïncidence. Cela dit, l'entraînement ne se doit pas d'être nécessairement une activité solitaire. Il peut en effet s'avérer fort bénéfique de s'exercer avec un bon ami qui partage nos objectifs – comme les frères Belcher, par exemple. Cette tendance qu'ont les grands golfeurs à s'exercer seuls peut néanmoins vous aider à comprendre combien la *qualité* de l'entraînement est importante. Si vous travaillez fort mais que vous ne vous améliorez pas, ce pourrait être parce que vos séances d'entraînement ne sont pas suffisamment intenses ou parce que certaines distractions vous empêchent de vous concentrer.

Deux erreurs courantes attendent le golfeur qui essaie de s'entraîner. La première : perdre du temps à bavarder avec les autres golfeurs sur le terrain d'exercice. En agissant de la sorte, il est impossible de se concentrer adéquatement sur les techniques que l'on est censé répéter. La deuxième erreur est de cogner balle après balle sans vraiment réfléchir à ce que l'on fait. Bien des activités sportives sont axées sur des mouvements répétitifs qui n'exigent aucune réflexion – le jogging, par exemple. Le golf, par contre, demande une concentration de tous les instants. Quand vient le temps d'exécuter un coup, votre esprit doit rester fixé sur la tâche à accomplir, sinon vous risquez de développer à votre insu de fâcheuses habitudes.

Vous voulez savoir si vous vous concentrez adéquatement lorsque vous êtes au terrain d'exercice ? Alors observez-vous. Quelle est votre attitude ? Êtes-vous dans le même état d'esprit quand vous vous entraînez que lorsque vous disputez une partie ? Je suppose que lors d'un match vous vous arrêtez pour réfléchir à différents facteurs – votre choix de bâton, la position de la balle, l'orientation de la cible, la direction du vent, etc. Sur le parcours, vous prenez le temps de choisir votre cible avec soin, vous imaginez la trajectoire de la balle dans votre esprit ou, si l'imagerie mentale n'est pas votre point fort, vous attendez d'être bien concentré sur la cible avant d'exécuter votre coup.

À l'entraînement, vous devez passer mentalement par les mêmes étapes que pendant une partie, et ce, chaque fois que vous frappez la balle. Pour chaque coup frappé sur le terrain d'exercice, vous devriez répéter votre routine préparatoire, mentale et physique, au grand complet. Malheureusement, bien peu de golfeurs ont assez de patience et de discipline pour faire cela. Le problème est qu'au terrain d'exercice, le golfeur n'a pas à se préoccuper du choix de son bâton – il a déjà entre les mains le bâton avec lequel il compte s'exercer – ou de la position de sa balle. Dans ces conditions, il n'est que trop aisé de simplement cogner une balle après l'autre sans vraiment se concentrer sur ce que l'on fait. Il est vrai que certains types d'exercices rendent impossible l'exécution de la routine préparatoire – quand vous vous positionnez par rapport à un bâton déposé sur le sol pour guider votre alignement, par exemple. En pareil cas, vous pouvez vous abstenir d'exécuter certains éléments de votre prise de position initiale, mais vous devez tout de même vous concentrer avant de frapper la balle.

Songez que si vous êtes en train de vous exercer, ce n'est pas pour être en mesure de frapper de beaux coups au terrain d'exercice, mais pour être capable de frapper de beaux coups au dernier trou du match le plus important de votre vie. C'est dans un moment critique comme celui-là que votre habitude dominante se manifestera ; or, vous voulez être certain que cette habitude sera une bonne habitude.

Il faut évidemment plus de temps pour frapper un coup en se concentrant que d'y aller coup après coup, sans réfléchir. Cela signifie qu'à temps égal, vous frapperez moins de balles. Ben Hogan était reconnu pour le nombre de balles qu'il frappait à l'entraînement. Cela dit, personne ne se donne la peine de signaler qu'il ne frappait pas ces balles l'une après l'autre, comme une mitraillette. Il divisait en outre sa séance d'exercice en segments : après avoir frappé un certain nombre de balles, il prenait une pause et buvait un peu d'eau le temps de réfléchir à ce sur quoi il était en train de travailler ; puis il reprenait l'entraînement, frappant encore une fois un nombre de balles précis avant de s'arrêter à nouveau.

Ne vous inquiétez pas du fait que vous frappez un nombre moins important de balles lors de vos séances d'exercice. L'important est que vous preniez votre temps. Personnellement, je préfère qu'un élève frappe cinquante coups en se concentrant bien chaque fois plutôt que deux cents en laissant son esprit vagabonder.

Tout comme Ken Venturi le faisait jadis à Harding Park, vous pouvez utiliser votre imagination à l'entraînement pour vous aider à vous concentrer. Tandis que vous êtes là, au terrain d'exercice, fer n° 7 à la main, imaginez que vous êtes sur le point de compléter le dernier trou du Tournoi des Maîtres à Augusta. Votre balle est dans l'allée, en bonne position, à 150 verges du vert. La victoire est à portée de main. Répétez-vous cela au point d'y croire vraiment. (Ceux et celles d'entre vous qui ne sont pas dotés d'une imagination particulièrement fertile arriveront à se voir au dix-huitième trou d'un parcours qu'ils connaissent, à 150 verges du vert, alors qu'ils doivent réussir la normale pour remporter une gageure de dix ou vingt dollars.) Avant de frapper votre coup d'exercice, préparez-vous comme si cette situation imaginaire était bel et bien réelle. Puis, allez-y.

Ce petit exercice d'imagination comporte deux avantages : premièrement, il vous aidera à vous concentrer sur le coup d'exercice que vous êtes sur le point d'exécuter ; deuxièmement, il vous préparera à faire face à la situation réelle lorsqu'elle se présentera. La prochaine fois que vous vous trouverez à 150 verges du vert et que vous aurez besoin d'un bon coup pour battre votre adversaire, vous vous sentirez plus à l'aise ; ayant imaginé la chose à l'entraînement, la situation vous semblera tout à fait normale.

Les bons golfeurs ont également l'habitude de changer souvent de bâton et de varier la portée de leurs coups à l'entraînement. Il est évident que si vous frappez plusieurs coups de suite avec votre bois n° 1, vous vous habituerez à ce bâton et vos coups se feront progressivement plus beaux et plus longs. Le problème est que, dans le courant d'un match, vous ne serez jamais appelé à frapper deux coups de suite avec le bois n° 1. Mais reprenez ce bâton après avoir utilisé un fer, puis un cocheur, puis votre fer droit, et je parie que vos résultats seront tout autres. Il serait donc bon que, de temps à autre, vous vous entraîniez en changeant de bâton à chaque coup.

Bon nombre de joueurs avec lesquels j'ai travaillé font comme s'ils se trouvaient sur un parcours lorsqu'ils s'exercent. Ils s'efforcent d'imaginer la largeur de l'allée au premier trou, la disposition des obstacles, puis ils frappent leur coup de départ. Ils répètent l'opération à leur second coup, estimant la distance qu'il leur reste à parcourir, imaginant la position du vert et des nouveaux obstacles qui se présentent à eux. Puis ils font leur choix de bâton et exécutent le coup. S'ils jugent ensuite que, relativement au parcours qu'ils se représentent dans leur esprit, leur second coup a dévié vers la droite et a manqué le vert de peu, ils s'armeront de leur cocheur d'allée et exécuteront une approche lobée d'une portée correspondant à la distance qui, selon leur estimation, sépare leur balle du trou.

Cette méthode est pleine de bon sens. Un golfeur qui, au terrain d'exercice, frappe des balles sans imaginer le parcours équivaut à un joueur de basket qui s'exercerait au tir en suspension, mais sans panier. Il s'agit là d'exercices absolument futiles. Je vous garantis que si vous vous exercez à frapper des balles ainsi, sans vous fixer de cible, vous aurez beaucoup de mal à faire des progrès.

Ben Hogan m'a confié que pour donner du piquant à ses séances d'entraînement, il se donnait parfois le chariot ramasseur de balles pour cible. Son objectif était alors d'envoyer sa balle très près de l'engin de manière qu'elle soit ramassée dès son premier ou deuxième rebond. Cet exercice permettait à Ben de rétrécir considérablement sa cible. Sans compter que s'il réussissait à atteindre le chariot dix-sept fois de suite et qu'il avait un sac de vingt balles, il ressentait une certaine pression parce qu'il voulait réussir également ses trois derniers coups. Cette tension contribuait certainement à affiner sa faculté de concentration.

Seve Ballesteros, quant à lui, m'a confié qu'à l'époque où il était au meilleur de sa forme, il avait l'habitude de disposer ses bâtons sur le sol tout autour de lui quand il s'entraînait. Cela l'aidait à imaginer le parcours et les différents coups auxquels il devrait avoir recours pour envoyer sa balle sur le vert. Selon lui, le fait que son jeu se soit détérioré depuis qu'il a délaissé cette habitude n'a rien d'une coïncidence. Depuis quelques années, il garde effectivement ses bâtons dans son sac à l'entraînement et, conséquemment, frappe beaucoup plus de coups consécutifs avec le même bâton. Selon lui, ce simple fait explique en grande partie la baisse de son niveau de jeu. Avant, il s'exerçait réellement à jouer au golf, alors que maintenant il essaie plutôt de frapper des coups parfaits avec un bâton donné.

Imaginer ainsi un parcours lorsque vous êtes au terrain d'exercice peut vous amener à faire davantage confiance à votre élan. Tout au long du programme de perfectionnement, des changements mécaniques seront apportés à votre technique. Qu'il s'agisse d'une modification majeure de votre élan ou d'une altération plus subtile – un ajustement de votre posture pour les coups roulés, par exemple –, ces transformations vous obligeront à vous concentrer, jusqu'à un certain point, sur des facteurs d'ordre mécanique. Or, comme je l'ai mentionné auparavant, c'est immédiatement après une leçon qu'il est préférable d'orienter l'entraînement selon une optique purement technique. C'est là le moment idéal pour vous concentrer sur les nouveaux mouvements que vous avez appris. Quand vous frapperez la balle, vous songerez au plan de votre élan, au tracé de la tête de bâton, à la répartition de votre poids ou à tout autre élément que votre instructeur et vous avez abordé dans le courant de la leçon.

Puis, progressivement, au fil des jours qui suivent la leçon, vous commencerez à frapper davantage de coups de façon « naturelle », c'est-à-dire en vous faisant confiance et sans songer à votre technique. Vous ne devez plus penser qu'à la cible et voir, dans votre esprit, votre balle se diriger vers cette cible. Lorsque vous jouez un match, votre esprit doit toujours se trouver en mode « naturel » et non en mode « technique ».

Je sais combien il peut être difficile de rester en mode naturel alors que l'on essaie d'assimiler une nouvelle technique. Supposons que vous cherchez à rectifier une tendance au crochet extérieur et que vous vous exercez donc à frapper des crochets intérieurs. Vous vous concentrez bien, mais peine perdue : plus vous vous acharnez et plus votre balle se dirige vers la droite, c'est-à-dire vers l'extérieur. En pareille situation, vous aurez tendance à vouloir modifier d'une manière ou d'une autre votre élan parce que vous ne lui faites plus confiance. Dans la plupart des cas, il vous faudra résister à cette tentation. Si, à l'entraînement, vous cherchez à changer votre élan chaque fois que vous ratez un coup, il est probable que vous ferez de même durant un match. Et comme je l'ai dit, lors d'un match, il faut jouer de façon naturelle, en se faisant confiance. Vous ne devez pas permettre à quelques coups manqués de perturber votre attitude mentale quand vous vous entraînez en mode naturel. Faire confiance à son élan est une discipline que l'on doit s'imposer à l'entraînement – et cela est particulièrement vrai à l'approche d'un tournoi.

Je ne vois aucun inconvénient à ce qu'un joueur décide de délaisser le mode naturel pour retourner en mode technique s'il en éprouve le besoin… du moment qu'il n'est pas en période de compétition. Si ce joueur a accès à son instructeur à ce moment-là, cela facilitera davantage les choses. Ce dernier pourra alors évaluer le problème de son élève et suggérer une solution sur-le-champ.

Au cours de la période précédant un tournoi, il faut par contre éviter de changer quoi que ce soit à sa technique, même si on éprouve certaines difficultés. De toute manière, il faut plus que quelques jours pour rectifier un problème majeur d'élan. Oubliez votre technique et profitez plutôt de cette période pour vous préparer mentalement.

Si vous multipliez les coups ratés durant les séances d'entraînement qui précèdent une compétition, la meilleure chose à faire consiste à ranger votre bâton et à vous concentrer sur un autre aspect de votre jeu. Il faut que vous vous disiez que tous ces coups manqués sont dus à une négligence ou à un laisser-aller de votre part et que vous allez retrouver votre forme naturelle dès que le tournoi commencera.

S'exercer en mode naturel est également une bonne façon de savoir si l'on a assimilé une nouvelle technique. Si un coup donné ne fonctionne pas en mode naturel, c'est que vous ne le maîtrisez pas entièrement. En d'autres mots, vous n'avez pas encore atteint le palier de la compétence inconsciente.

À l'entraînement, vous exécuterez en moyenne 60 p. 100 de vos coups en mode naturel et 40 p. 100 en mode technique. Cela signifie que si vous vous concentrez sur l'aspect technique dans les jours suivant une leçon, vous devrez, plus tard dans la semaine, consacrer une grande partie de votre temps d'entraînement aux coups frappés en mode naturel.

Il est un autre aspect du golf qui devrait faire partie de votre programme d'entraînement : les positions de balle. À l'occasion de vos leçons, vous allez devoir prêter une attention particulière aux positions de balle qui vous posent problème. Si vous avez par exemple du mal à jouer à partir d'une position de balle descendante, demandez à votre instructeur de vous montrer comment ajuster votre posture et votre prise de position initiale en consé-quence. Trouvez ensuite un moyen de vous exercer à ce type de coup – peut-être aurez-vous à vous rendre au parcours très tôt le matin ou tard le soir. Quoi qu'il en soit, sachez que c'est en s'y exerçant que l'on apprend à composer avec une position de balle difficile. Si les grands joueurs semblent capables de se tirer d'un mauvais pas avec autant d'aisance, c'est qu'ils ont répété ces types de coups des milliers de fois.

Et quand ils s'exercent, les grands joueurs se concentrent. Avant d'entamer votre programme d'entraînement, songez à la façon dont Ben Hogan, Byron Nelson et Paul Runyan s'exerçaient ; songez aux champions d'aujourd'hui avec lesquels j'ai travaillé, à Brad Faxon, Davis Love III, Pat Bradley et Billy Mayfair. Lorsque vous vous entraînez, plongez au plus profond de vous-même et faites abstraction du monde extérieur. Pour en arriver à ce niveau de concentration, il vous faudra peut-être vous exercer à des heures où l'achalandage est moindre ou encore, comme Ben Hogan, réserver une place à l'extrémité du terrain d'exercice pour ne pas vous laisser distraire par la présence des autres golfeurs. Bref, faites le nécessaire afin de pouvoir vous concentrer et travailler en toute tranquillité. Sans concentration, l'entraînement ne peut être profitable.

Quelle doit être votre fréquence d'entraînement ? Cela dépend de votre degré d'enthousiasme et du temps dont vous disposez.

Deux élèves de Bill Davis, Jay et Arline Hoffman, ont un jour décidé qu'ils voulaient exploiter leur plein potentiel en tant que golfeurs et se sont dès lors déclarés prêts à consacrer autant de temps qu'il fallait à l'entraînement.

Jay avait été cadet en Virginie dans sa jeunesse, aussi le golf a-t-il toujours été pour lui synonyme de travail. Au milieu des années 1950, les cadets du Washington Golf and Country Club – là où il travaillait – faisaient 2,50 $ par sac, plus l'occasionnel pourboire de 0,50 $. C'était peu cher payé considérant qu'il s'agissait d'un parcours très accidenté et que les étés de la Virginie sont d'une humidité accablante. S'il faisait deux tours dans la journée et portait deux sacs par tour, il pouvait gagner environ 11 $, et ce pour une journée de travail absolument harassante. Il a fait cela pendant environ deux ans, puis il a changé d'emploi. Son nouveau job, charroyer des briques sur des chantiers de construction, n'était pas plus reposant. À la fin de son service militaire, Jay a lancé sa propre entreprise de construction. Il jouait au golf de temps à autre, mais pas assez souvent pour devenir vraiment bon.

Dans les années qui ont suivi, Jay Hoffman a investi dans l'immobilier, puis il s'est acheté plusieurs stations de radio. Il est finalement devenu suffisamment riche pour pouvoir s'accorder de longues périodes de loisirs. Arline et lui se sont mis à passer beaucoup de temps en Floride où ils sont devenus membres du Jupiter Hills Golf Club.

Ce n'est qu'après que son fils eût quitté le nid familial pour poursuivre ses études qu'Arline a découvert le golf. Le défi que ce sport représente l'a tout de suite séduite. Les Hoffman ont donc décidé de prendre ensemble des leçons avec Bill Davis.

Lorsqu'un élève se montre anxieux d'apprendre et qu'il se déclare prêt à consacrer tout le temps et les efforts nécessaires au processus d'apprentissage, Bill planifie alors à son intention un programme d'entraînement bien défini. Les coups et exercices que l'élève devra effectuer y sont scrupuleusement planifiés et exposés en détail.

Les récentes séances d'entraînement de Jay et Arline, telles qu'élaborées par Bill, se déroulaient de la façon suivante :

1. LE ROULÉ

    A. ROULÉS À PARTIR DE SEPT POSITIONS DIFFÉRENTES.

       POUR CHAQUE POSITION, FRAPPER DES ROULÉS DE 1, 2, 3, 4 ET 5 PIEDS.

       À RÉPÉTER CINQ FOIS PAR SEMAINE.

B.   AVEC LES YEUX FERMÉS, FAIRE DES ROULÉS DE 3, 6 ET 9 PIEDS, À
      RAISON DE TROIS BALLES PAR DISTANCE. RÉPÉTER L'EXERCICE SEPT
      FOIS PAR SÉANCE, CINQ FOIS PAR SEMAINE. (CET EXERCICE A POUR
      BUT D'AIDER L'ÉLÈVE À SE CONCENTRER SUR LA FORCE AVEC
      LAQUELLE IL FRAPPE LA BALLE ; LA LIGNE DU ROULÉ ET LA
      MÉCANIQUE DU MOUVEMENT N'ONT ICI AUCUNE IMPORTANCE.)

C.   SUR LE VERT D'EXERCICE, EXÉCUTER DES ROULÉS D'UNE VINGTAINE
      DE PIEDS À RAISON DE DIX COUPS PAR SÉANCE.
      RÉPÉTER L'EXERCICE CINQ FOIS PAR SEMAINE.

2. L'APPROCHE ROULÉE

A.   PARTANT DE 3 VERGES DU VERT, FRAPPER DES APPROCHES ROULÉES AVEC
      LE FER 7, LE FER 9, LE COCHEUR D'ALLÉE ET LE COCHEUR DE SABLE,
      À RAISON DE CINQ COUPS PAR BÂTON.
      RÉPÉTER L'EXERCICE CINQ FOIS PAR SEMAINE.

B.   RÉPÉTER L'EXERCICE « A », MAIS EN PARTANT DE 6 VERGES DU VERT.
      REMPLACER LE FER 7 PAR UN COCHEUR DE LOB.
      RÉPÉTER L'EXERCICE CINQ FOIS PAR SEMAINE.

C.   RÉPÉTER L'EXERCICE « A » EN PARTANT DE 9 VERGES DU VERT ET EN
      UTILISANT LES TROIS COCHEURS.
      RÉPÉTER L'EXERCICE CINQ FOIS PAR SEMAINE.

3. L'APPROCHE LOBÉE COURTE

A.   PARTANT DE 15 VERGES DU VERT, FRAPPER DES APPROCHES LOBÉES AVEC
      LES TROIS COCHEURS À RAISON DE CINQ COUPS PAR BÂTON.
      RÉPÉTER L'EXERCICE CINQ FOIS PAR SEMAINE.

B. Répéter l'exercice « A », mais en partant de 20 verges du vert. Répéter l'exercice cinq fois par semaine.

C. Répéter l'exercice « A » en partant cette fois de 25 verges du vert. Répéter l'exercice cinq fois par semaine.

4. L'approche lobée longue

A. Partant de 50 verges du vert, frapper des approches lobées avec le cocheur d'allée et le cocheur de sable, à raison de cinq coups par bâton.
Répéter l'exercice cinq fois par semaine.

B. Répéter l'exercice « A » en partant de 60 verges du vert. Répéter l'exercice cinq fois par semaine.

C. Répéter l'exercice « A » en partant de 70 verges du vert. Répéter l'exercice cinq fois par semaine.

5. La sortie en explosion

A. Effectuer des sorties en explosion avec le cocheur de sable et le cocheur de lob, à raison de quinze coups par bâton. Varier d'un coup à l'autre la position de balle dans la fosse d'exercice.
Répéter l'exercice cinq fois par semaine.

6. L'élan complet

A. À raison de 10 balles par bâton, frapper des coups de départ avec le fer 9, le fer 7, le fer 5, un bois d'allée et le bois n° 1.
Répéter l'exercice deux fois par séance, cinq fois par semaine.

En suivant ce programme d'entraînement, Jay et Arline auront, en l'espace d'une semaine, frappé 300 coups longs, 590 roulés et 795 coups d'approche. Bill leur a également conseillé de jouer quatre parties par semaine et de s'accorder deux jours de relâche afin d'éviter le surmenage.

Inutile de préciser qu'en s'astreignant à ce programme, les Hoffman ont fait des progrès impressionnants. Jay avait un handicap de 22 lorsqu'il a commencé à prendre des leçons avec Bill. Or, il a récemment joué douze parties consécutives dans les 70. Quant à Arline, de la néophyte qu'elle était elle est devenue une golfeuse accomplie ; son handicap de 12 témoigne largement de son cheminement.

« Nous aimons nous exercer, m'a confié Jay dernièrement, et nous avons confiance en Bill. Nous savons que ce qu'il nous enseigne nous sera profitable. »

Je suis conscient qu'il s'agit là d'un horaire d'entraînement intensif et je sais que la majorité d'entre vous n'ont pas le loisir d'accorder au golf une place si importante dans leur vie. J'ai néanmoins jugé bon de vous en faire part, car il s'agit d'un programme exemplaire à tous les points de vue. Comme de bien entendu, son principal avantage est qu'il met l'accent sur le petit jeu. Et puis c'est un programme auquel Arline et Jay ont contribué et qu'ils ont approuvé – bien que ce soit Bill qui, en définitive, ait décidé des coups et des exercices qu'ils devaient faire. Les Hoffman adorent leur programme d'entraînement – ce qui est en soi très important – et croient fermement qu'en le suivant scrupuleusement ils deviendront de meilleurs golfeurs.

Lorsque l'on s'exerce, il faut s'amuser le plus possible. Pour certains, cela ne pose pas problème : qu'il pleuve ou non, qu'il fasse chaud, froid, peu importe, ils adorent s'entraîner. Contrairement à

ces enthousiastes, bon nombre de golfeurs considèrent l'entraînement comme une corvée. Leur problème est généralement qu'ils
détestent travailler leur petit jeu.

Pour ceux qui ont du mal avec certains aspects de l'entraînement, le compagnonnage est la solution idéale. Travailler à deux
comme Jay et Arline Hoffman vous procurera invariablement
motivation et inspiration. Je sais que j'ai précédemment louangé
les habitudes d'exercice solitaire des grands golfeurs, mais vous
vous rappellerez que ces champions ne goûtaient la solitude que
parce cela les aidait à se concentrer sur la tâche à accomplir. Dans
le cas de joueurs amateurs qui suivent le même programme d'entraînement, je crois que travailler à deux peut être fort bénéfique.
Ces joueurs se motiveront l'un et l'autre, se soutiendront et se
pousseront mutuellement à aller de l'avant. Lorsqu'ils s'exercent
ensemble, ils ne passent pas leur temps à bayer aux corneilles ou
à bavarder. Au lieu de les distraire, la franche camaraderie qu'ils
éprouvent l'un envers l'autre les incite à travailler davantage.

Les frères Belcher jouissent d'une relation de ce genre. Il y a
bien sûr entre eux une certaine rivalité, toutefois chacun se montre fier et heureux des progrès de l'autre. Chaque fois qu'ils jouent
un match ensemble, ils s'encouragent mutuellement à continuer
d'appliquer les techniques que leur instructeur leur a montrées,
même si ces techniques ne sont pas maîtrisées et qu'elles ne leur
permettent pas d'obtenir une très bonne marque. Arline et Jay pro-
cèdent de la même façon lorsqu'ils jouent ensemble.

En s'exerçant à deux, on sera par ailleurs moins enclin à annuler
une séance d'entraînement. Chacun sait que l'autre compte sur lui
et si l'un des partenaires n'a pas envie de s'entraîner, l'autre pourra
l'aiguillonner pour le convaincre d'y aller tout de même. Quoi qu'il
en soit, il n'en tiendra qu'à vous de décider si l'entraînement à deux

s'accorde à votre caractère et à votre situation. Il se pourrait fort bien que ce ne soit pas pour vous la solution idéale. À vous d'en juger.

Pour ma part, j'aime bien voir des joueurs rivaliser et se lancer des défis sur les aires d'exercice. Je crois que c'est une bonne façon de mettre du piquant dans une séance d'entraînement. Si un ami ou une connaissance travaille son roulé en même temps que vous, proposez-lui un petit pari : Pourquoi pas quelques dollars à celui qui empochera le plus de balles à partir d'une position donnée ? Sur le terrain d'exercice, voyez lequel d'entre vous est capable d'envoyer sa balle le plus près possible d'une cible qui aura été choisie au préalable.

Ces amusants petits défis vous aideront à vous concentrer aussi intensément durant l'entraînement que lors d'un match. Après tout, n'est-ce pas là l'une des principales raisons pour lesquelles vous vous exercez ?

Chapitre 11

Savoir quand consulter un autre instructeur

L'une des premières relations maître-élève qu'il m'ait été donné d'observer est celle qu'entretenait une jeune golfeuse du nom de Kandi Kessler avec son instructeur, Phil Owenby. Grâce à eux, j'ai découvert qu'il était possible d'intégrer de façon constructive un autre instructeur dans le processus de perfectionnement d'un élève.

Kandi a commencé à jouer au golf à l'âge de onze ou douze ans. Jusque-là, sa réelle passion avait été l'équitation. Malheureusement, elle avait développé de sérieuses allergies aux chevaux et son médecin s'était vu forcé de lui interdire cette activité qu'elle aimait tant. C'est pour combler ce vide que son père, Frank Kessler, l'a initiée aux joies du golf.

Kandi est vite devenue une fervente adepte de cette activité. Comme elle était timide, elle a été tout de suite séduite par l'aspect solitaire de ce sport. Durant les vacances d'été, son père la conduisait chaque matin au Farmington Country Club de Charlottesville ; elle passait là des journées entières à jouer et à s'exercer. Commençant sa journée sur le terrain d'exercice, elle se rendait ensuite au vert d'exercice, puis sur le parcours proprement dit. Dans le courant de la journée, elle pouvait jouer jusqu'à quatre parties de neuf trous. Elle restait habituellement sur le terrain jusqu'à la tombée du jour.

Après un an ou deux de ce régime, Kandi jouait dans les 80. À ses débuts, elle avait pris quelques leçons pour apprendre les rudiments du jeu, mais avant de rencontrer Phil Owenby elle n'avait jamais eu d'instructeur régulier.

Phil est originaire de la Caroline du Nord. C'est un grand type tranquille et doté d'une voix particulièrement douce. Quelques années plus tôt, il avait fait partie de l'équipe de golf de son collège et avait dû faire face à des adversaires redoutables – Jay Haas et Curtis Strange, pour ne nommer que ceux-là. Or, les prouesses de ces derniers lui ont fait prendre conscience de ses propres limites, l'amenant à comprendre que sa vraie vocation de golfeur résidait non pas dans la compétition, mais dans l'enseignement.

Au lendemain de la remise des diplômes, Phil a décroché un emploi à Farmington. Il n'a bien sûr pas commencé à titre d'instructeur : il s'occupait de l'entretien des terrains, des voiturettes et de l'équipement en général. Bref, il se trouvait au bas de l'échelle. C'est alors qu'il a remarqué Kandi.

« Elle avait vraiment envie d'apprendre et de devenir meilleure, ça se voyait », m'a-t-il confié récemment, quelque vingt années après cette première rencontre. « Nous nous sommes tout de suite bien entendus. »

Cette soif d'apprendre est un élément crucial pour qui veut bâtir sa relation maître-élève sur des fondements solides. Un instructeur n'agira pas de la même manière avec un élève nonchalant qu'avec un autre qui montre qu'il n'a pas peur de travailler et désire vraiment s'améliorer. C'est d'ailleurs là une des principales caractéristiques qui différencient les bons joueurs des joueurs moyens ; un bon golfeur est avant tout un individu qui ne craint pas de montrer à son instructeur qu'il est anxieux de progresser. En tant qu'élève, il est donc de votre devoir de vous assurer que votre moniteur sait combien il est important pour vous de vous améliorer.

À la suite de leur première rencontre, Phil a commencé à donner des leçons à Kandi. Le soir venu, ils se rendaient en voiturette au départ d'un des parcours de neuf trous de Farmington – Phil laissait sa jeune élève conduire, ce qui était pour elle un réel plaisir. Leurs leçons ressemblaient beaucoup à celles que Bill Davis donnait à Patty Pilz. Lorsque Kandi envoyait sa balle dans les herbes hautes ou dans quelque autre obstacle, Phil lui montrait comment faire pour s'en sortir. Il lui faisait généralement répéter plusieurs fois les coups qu'elle devait exécuter à partir d'une position difficile de manière qu'elle puisse bien les intégrer. À d'autres occasions, il lui demandait de suivre les règles normales du jeu et la jeune élève devait alors essayer de compléter le plus de trous possible avant la tombée de la nuit.

« Kandi était douée pour imiter les mouvements que je faisais, se souvient Phil. Je n'avais qu'à lui faire la démonstration d'une nouvelle technique une ou deux fois pour qu'aussitôt elle l'incorpore à son jeu. En tous les cas, elle aimait beaucoup apprendre comme ça, sur le parcours même. Je crois que ces leçons pratiques lui ont révélé l'importance de facteurs comme la trajectoire de balle et la gestion du parcours. »

Maître et élève se sont également employés à perfectionner l'élan de la jeune golfeuse. Kandi ayant tendance à pointer son bâton vers l'intérieur au sommet de sa montée, Phil lui a prescrit une série d'exercices destinés à lui faire adopter un plan d'élan plus vertical. Kandi devait par exemple s'exercer à s'élancer en gardant ses fesses calées contre un mur. À l'occasion d'un autre exercice, il lui fallait amorcer sa montée en suivant la ligne tracée par le manche d'un bâton déposé sur le sol.

Sous la tutelle de Phil, Kandi a fait des progrès fabuleux. En quelques années à peine, son handicap est passé de 20 à 2. Elle a remporté trois fois le championnat junior amateur de la Virginie et, à l'âge de seize ans, elle a raflé le titre amateur. C'est à cette époque qu'elle s'est mise à songer sérieusement à faire carrière dans la LPGA. Et c'est à cette même époque que j'ai commencé à lui enseigner l'aspect mental du jeu.

Kandi et son père s'entendaient sur le fait qu'elle allait devoir apporter certaines améliorations à son petit jeu si elle tenait à embrasser une carrière professionnelle. Ils s'entendaient aussi sur le fait qu'ils allaient devoir faire appel aux meilleurs instructeurs en la matière. Soucieux de guider judicieusement leur choix, je leur ai suggéré d'entrer en contact avec Davis Love II.

Notez qu'à aucun moment nous n'avons exclu Phil du processus et que nous n'avons pas agi en catimini. Phil était toujours le premier consulté en ce qui avait trait aux décisions qui concernaient son élève. Les Kessler ont même insisté pour qu'il se rende avec eux à Sea Island, en Georgie, pour y rencontrer Davis Love II.

Phil était libre de refuser cette invitation, mais il savait qu'il y avait beaucoup à apprendre d'un instructeur de la trempe de Davis Love II et a donc consenti à accompagner les Kessler dans leur périple.

Au bout du compte, il n'a pas regretté sa décision. Observer la méthode d'enseignement de Davis a été pour le jeune instructeur qu'il était une expérience des plus enrichissantes : « La première chose qui m'a frappé, raconte Phil, c'est la façon dont il s'y prenait avec ses élèves. Il laissait parfois Kandi frapper des balles pendant quinze ou vingt minutes sans dire un mot, sans intervenir. En fait, il attendait qu'elle soit complètement détendue. Il avait le don de l'enthousiasmer, de la mettre à l'aise et de la rendre fière d'elle-même. Avant de lui montrer une nouvelle technique, il lui disait : "Une bonne athlète comme toi peut apprendre ça très rapidement. C'est très facile, tu vas voir." »

Davis Love II a par ailleurs transmis à Phil et à Kandi de précieuses informations concernant le petit jeu. Il leur a parlé des différents cocheurs et leur a expliqué la fonction et les particularités de chacun. Il leur a aussi montré comment on peut contrôler la portée de ses approches lobées en variant l'amplitude de sa montée plutôt qu'en changeant la vitesse de son élan.

Davis ne manquait jamais d'inclure Phil dans le processus d'apprentissage. Ce dernier se souvient que Davis disait souvent à Kandi : « Quand nous aurons terminé nos leçons, Phil pourra travailler là-dessus avec toi. »

« Je crois que monsieur Love était content que Phil soit là, estime Kandi. Il savait que quand je retournerais à la maison, Phil veillerait à ce je continue d'appliquer ce que j'avais appris à Sea Island et qu'il m'empêcherait de reprendre mes anciennes habitudes. »

Kandi a par la suite joué dans le championnat de la Coupe de Curtis et a participé à cinq reprises à l'Omnium des États-Unis, finissant en quatorzième place à l'une de ces occasions, ce qui a constitué son meilleur résultat pour ce tournoi. Ayant connu sa part de succès professionnels, Kandi a éventuellement quitté le circuit de la LPGA pour se marier et fonder une famille. Madame Kandi Kessler-Comer est aujourd'hui directrice du Glenmore Country Club, situé en bordure de Charlottesville, alors que Phil, lui, occupe un poste analogue au Roanoke Country Club. Maître et élève sont toujours restés en contact.

Dans le domaine de l'enseignement du golf, les relations franches, ouvertes et constructives de ce genre sont malheureusement rares. Trop souvent c'est à l'insu de son instructeur habituel qu'un élève entreprend de consulter un autre instructeur. Peut-être l'élève craint-il que sa décision n'offense ou n'irrite son instructeur régulier. Peut-être garde-t-il son geste secret simplement parce qu'il veut éviter une conversation potentiellement désagréable. Quoi qu'il en soit, ce genre de dissimulation sème généralement le doute et la confusion dans l'esprit de l'élève. Ayant l'impression qu'il doit choisir entre deux visions, entre deux méthodes, celui-ci n'accordera plus crédit aux enseignements de son premier maître.

Tous les instructeurs, même ceux qui partagent une même vision fondamentale de l'élan, ont une manière d'enseigner qui leur est propre. Chacun aura une façon bien à lui de mettre en lumière certains aspects du jeu, une façon unique de nuancer l'information qu'il dispense à ses élèves. Il est même probable que différents instructeurs useront d'une terminologie différente, ce qui ne fera qu'accroître la confusion de l'élève. Déstabilisé par ces parfois infimes variantes, ce dernier cessera de faire confiance à sa technique. Et comment pourrait-il en être autrement ? Maintenant qu'on lui propose deux versions apparemment distinctes de l'élan, l'élève ne sait plus qui croire ou que faire. Or, un golfeur qui n'a pas confiance en ses acquis mécaniques s'élancera sans grâce, sans conviction et de façon tendue. Incapable de s'engager sur une voie précise, il régressera au lieu de progresser.

Les golfeurs professionnels avec lesquels je travaille sont constamment bombardés d'informations contradictoires. Comme ils ne voyagent pas toujours avec leur entraîneur, ils sont exposés, sur les terrains et verts d'exercice des clubs où sont disputés leurs tournois, aux vues d'une multitude de moniteurs locaux qui ne seraient que trop heureux de rehausser leur réputation en donnant des conseils à un pro.

Et puis il y a ces instructeurs qui deviennent tout à coup populaires parce qu'ils ont réussi à remettre un champion déchu sur la voie du succès. Dans l'enseignement du golf comme en toutes choses, il y a des modes. Ainsi, certains instructeurs paraîtront, pour un temps du moins, imbus d'un pouvoir quasi magique, comme s'ils disposaient de secrets techniques connus d'eux seuls.

En 1997, mon ami Brad Faxon a été confronté à un problème de ce genre. Il avait connu en 1996 une saison plus qu'honorable. Ayant terminé en deuxième place dans quatre tournois, il s'était retrouvé huitième au classement des boursiers et était statistiquement le meilleur joueur sur le vert. Cela dit, il n'avait pas remporté un seul tournoi et n'avait pas connu avec ses coups de départ les mêmes succès qu'avec ses roulés. À la fin de la saison, il a décidé qu'il se devait d'améliorer ses coups de longue portée. Pendant de longs mois, il a travaillé très fort en ce sens.

Son dur labeur n'a toutefois pas immédiatement porté fruit. Au début de la saison 1997, il a accusé de piètres résultats en Californie et en Floride. L'état de son élan le tracassait et il a commencé à chercher conseil auprès de différentes sources. Le moins que l'on puisse dire, c'est que tous ces conseils l'ont déconcerté.

Brad est venu me consulter au mois de mars, juste avant le Player's Championship. Lors de notre entretien, je lui ai suggéré de se concentrer sur les éléments fondamentaux de sa technique. Vouloir améliorer ses coups de départ est une bonne chose en soi, mais il ne faut pas oublier que personne n'a un élan parfait. À mon sens, Brad avait perdu de vue le fait que son point fort était son petit jeu. J'estimais par ailleurs qu'il devait faire abstraction de toute l'information contradictoire qu'il glanait de-ci de-là pour dorénavant s'astreindre à une seule et unique façon de faire.

Brad a suivi mon conseil et, à partir de ce moment-là, il a eu le vent dans les voiles. Il a terminé quatrième au Player's Championship, premier à la Nouvelle-Orléans, deuxième au Hilton Head et à Greenboro et deuxième ex æquo au Colonial. Il a gagné en l'espace d'un mois des centaines de milliers de dollars et il était en voie d'obtenir sa place au sein de l'équipe américaine de la coupe Ryder. Et tout ce succès, il ne le devait pas à moi, mais au fait qu'il était finalement parvenu à chasser la confusion et l'incertitude de son esprit.

Quoi que vous fassiez, il faut absolument que vous évitiez que le doute et la confusion n'embrouillent votre esprit et minent vos efforts.

Il est probable que, à un point où un autre de votre démarche, vous éprouviez le besoin de consulter un autre instructeur. Cela est tout à fait normal. Lorsque nous allions à l'école, n'avions-nous pas plusieurs professeurs ? Bon, il est vrai qu'au primaire un seul professeur suffit à enseigner toutes les matières, mais à partir du secondaire, l'étudiant a généralement un professeur différent pour chaque matière. Si un enseignant juge qu'un élève nécessite une attention particulière, il pourra lui conseiller de prendre un cours d'appoint avec un autre professeur. Dans les milieux scolaires, c'est là chose courante.

Le golfeur qui aura progressé par-delà un certain niveau en compagnie d'un instructeur donné cherchera tôt ou tard à bénéficier d'un enseignement plus pointu relativement à certains aspects de son jeu. Encore une fois, je soutiens qu'il s'agit là d'une tendance naturelle. Si vos coups d'approche vous donnent du fil à retordre ou que votre attitude mentale n'est pas tout à fait au point, il est normal que vous exprimiez le désir de consulter un spécialiste en la matière. Si vous visez très haut et désirez devenir un joueur de calibre professionnel, vous aurez même à chercher conseil auprès d'une équipe complète de spécialistes ; en plus de votre entraîneur régulier, vous consulterez sans doute un expert en conditionnement physique qui vous aidera à gagner en puissance et en flexibilité, un psychologue du sport qui renforcera votre attitude mentale, ainsi qu'un ou deux autres instructeurs spécialisés dans une facette spécifique du jeu.

Si vous décidez un jour de bénéficier de l'enseignement d'un second instructeur, faites la chose avec délicatesse et diplomatie. Prenez exemple sur Kandi Kessler et parlez-en d'abord à votre instructeur habituel. Peut-être avez-vous tort de croire qu'il s'opposera à votre projet. Il est même plus que probable qu'il abondera en votre sens et vous recommandera quelques bons spécialistes qui sauront vous aider. Certains instructeurs, dont Phil Owenby, vont jusqu'à accompagner leur élève à ces leçons ; de cette manière, ils savent exactement ce qu'a appris leur élève et peuvent faire coïncider leur enseignement et celui de l'autre instructeur, évitant ainsi de fournir des informations contradictoires à leur protégé. S'il ne vous accompagne pas, votre instructeur régulier devra à tout le moins se montrer disposé à visionner un enregistrement vidéo de la leçon, pour peu que vous en possédiez un.

Quoi qu'il en soit, il est essentiel que vous fassiez part à votre instructeur régulier des choses que vous a enseignées le spécialiste. Connaissant bien votre jeu, votre moniteur habituel pourra vous aider à intégrer efficacement ces nouvelles données et techniques.

Si les deux instructeurs proposent des façons différentes de s'élancer ou d'exécuter un coup donné et que vous vous rangez du côté du spécialiste, discutez-en tout de même avec votre instructeur principal. Expliquez-lui pourquoi vous êtes d'accord avec l'autre moniteur. Ne lui cachez rien, car il a besoin de connaître vos intentions pour pouvoir continuer à vous conseiller et à vous guider efficacement.

Il est possible que votre instructeur actuel ne s'entende pas avec votre nouvel instructeur. Cela est malheureux, car toutes les personnes impliquées dans l'évolution d'un golfeur ou d'une golfeuse devraient comprendre qu'elles ne sont pas là pour flatter leur amour-propre ou faire mousser leur réputation, mais bien pour aider ce joueur à progresser. En pareille situation, trop d'instructeurs oublient que c'est là leur objectif premier.

Et trop d'instructeurs se targuent des succès de leurs joueurs comme s'ils en étaient les seuls responsables. Les individus qui agissent ainsi devraient prendre exemple sur Bear Bryant, ce grand entraîneur de l'Alabama. Lorsque l'équipe de Bear gagnait une partie, celui-ci disait toujours aux journalistes que ses gars avaient bien joué. Par contre, quand son équipe perdait, il s'en imputait la responsabilité. C'est une des choses qui faisaient de lui un bon entraîneur.

Mais tout le monde n'a pas la sagesse d'un Bear Bryant. Vous estimez avoir besoin de plus d'un instructeur ? Il vous faudra alors vous assurer que tous ces gens travaillent en harmonie. Si l'un dénigre l'enseignement de l'autre, au bout du compte c'est vous qui en souffrirez. Je vous recommande également d'être franc et ouvert avec les personnes qui travaillent avec vous. En retour, exigez d'elles qu'elles collaborent et qu'elles vous aident à incorporer leurs conseils à votre programme de perfectionnement actuel.

CHAPITRE 12

Les parents et les enfants

L e père porte sa casquette de golf de la manière habituelle, c'est-à-dire avec la visière vers l'avant ; le fils, lui, porte la sienne visière vers l'arrière comme un receveur au baseball. Les pantalons du père sont bien ajustés à la taille et ceux du fils, conformément aux règles de la mode adolescente, pendouillent comme s'ils étaient trop grands pour lui. Le père fredonne un bon vieux classique des Beach Boys tandis que le fils scande la dernière rengaine de Eminem.

Ordinairement, ces contrastes et particularités les démarquent, les divisent. Mais lorsqu'ils jouent au golf ensemble, père et fils deviennent, le temps d'une partie, de bons camarades.

Dans notre culture, peu de chose rapprochent les générations aussi bien que le golf. Ce sport est une véritable tradition : pères et mères ont toujours éprouvé un plaisir immense à l'enseigner à leurs fils et à leurs filles. On le pratique en famille lorsque ses enfants grandissent et on continuera même une fois qu'ils seront devenus adultes et auront fondé leur propre foyer.

Et ce lien que tisse le golf entre les générations n'est pas qu'à sens unique ; je veux dire par là que ce sont parfois les enfants qui font découvrir ce sport merveilleux à leurs parents. J'ai moi-même initié mon père et ma mère au golf alors qu'ils étaient sexagénaires et je dois dire que cela a beaucoup contribué à nous rapprocher. Aujourd'hui, nos meilleurs moments sont ceux que nous passons ensemble sur un parcours de golf.

La plupart des grands golfeurs de la seconde moitié du XXᵉ siècle, de Arnold Palmer et Jack Nicklaus à Pat Bradley, Tiger Woods et Davis Love III, ont entretenu avec leur père une relation tendre et étroite marquée par une passion commune pour le golf. Même que dans leur cas, le golf était absolument indissociable du lien unissant parent et enfant.

Curieusement, lorsque ces champions me parlent de la manière dont leur père a contribué à leur formation de golfeur, il est rarement question de technique. Jack Nicklaus m'a raconté comment son père lui avait fait comprendre qu'il était inutile de se fâcher et de lancer ses bâtons quand les choses n'allaient pas à son goût. Davis Love III se souvient que c'est son père qui lui a enseigné à jouer sans tricher, en comptant chaque coup. Quant à Arnold Palmer, il m'a un jour confié ceci : « Papa m'a bien sûr appris à jouer au golf, mais je lui suis surtout redevable de m'avoir inculqué les bienfaits de l'autodiscipline. »

En transmettant l'amour du golf à ses enfants, un parent leur fournit plus qu'un moyen de se distraire tout en faisant un brin d'exercice : il leur donne la chance d'apprendre ce qu'est l'honneur, la discipline et la persévérance. Quoi que ces enfants fassent par la suite, ces leçons de vie leur seront toujours profitables.

Mais pour transmettre pareil héritage, il ne suffit évidemment pas d'avoir des enfants, de leur mettre des bâtons de golf entre les mains puis de les bombarder de directives. J'ai connu plusieurs athlètes qui ont souffert, personnellement et professionnellement, du fait que leurs parents ne savaient pas faire la différence entre soutien et ingérence, entre amour et possession, entre encouragement et harcèlement. Remarquez que je comprends tout à fait le dilemme auquel ces parents ont été confrontés – il est effectivement très difficile de savoir où s'arrêter lorsque l'on a affaire à un enfant particulièrement doué. Sans compter que chaque enfant est différent ; ce que l'un percevra comme une contrainte ou une exigence déraisonnable, l'autre l'éprouvera comme une marque d'affection et comme un gage de l'attention que ce parent lui porte.

Je travaille présentement avec un jeune homme du nom de Mike Henderson. Son père, Dan, a toujours activement participé au processus d'apprentissage du golf dans lequel son fils s'était volontairement et passionnément engagé. À seize ans, Mike a été nommé golfeur junior de l'année – titre pour le moins prestigieux, parrainé par la compagnie Rolex. La chose est d'autant plus impressionnante lorsque l'on considère que Tiger Woods figurait parmi ses rivaux. De toute évidence, Dan et son père étaient sur la bonne voie.

Fils de Dan et de Glenda Henderson, Mike est le benjamin d'une famille de quatre enfants. Quelque dix années le séparent de son plus proche aîné, ce qui fait qu'à l'âge de dix ans il s'est retrouvé seul avec ses parents ; les autres enfants, maintenant adultes, avaient tous quitté le nid familial. Dan Henderson était un homme d'affaires prospère qui avait fondé sa propre compagnie de distribution de suppléments alimentaires. Il était à cette époque seul maître de son temps.

C'est cette année-là, lorsque Mike avait dix ans, que Dan a offert à son fils un bâton à sa taille et qu'il l'a emmené pour la première fois au terrain d'exercice. À cette occasion, le père, un excellent golfeur qui avait un handicap de 4, a enseigné les rudiments du golf à son fils – prise, posture, élan, etc. Après quelques coups d'essai, et à la grande surprise du paternel, le jeune Mike s'est mis à cogner des coups très droits et très solides.

Inutile de dire que Dan a tout de suite vu que son fils avait un potentiel énorme, potentiel qu'il s'est immédiatement employé à cultiver.

Un mois après avoir joué sa première partie, Mike participait au tournoi junior de son club local, le North Ridge Country Club à Raleigh en Caroline du Nord. Si Dan s'est montré si empressé d'encourager son fils à participer à des compétitions, c'est qu'il avait conscience que la grande majorité des golfeurs juniors commencent à jouer bien avant l'âge de dix ans. Le jour du tournoi, le petit Mike a lui aussi été confronté à cette réalité.

« Dans combien de tournois as-tu joué ? » de lui demander son partenaire de jeu.

« C'est mon premier », répondit poliment Mike.

« Moi, a aussitôt répliqué son adversaire, un solide gaillard de onze ans, j'ai joué dans environ cent tournois. Tu veux savoir combien de trophées j'ai gagné ? »

« Euh… ouais, combien ? »

« Environ cent. »

Impressionnant résultat, certes, mais Mike ne s'en est pas laissé imposer pour autant. Ce jour-là, il a joué un 92, ce qui lui a valu la cinquième place.

Et ce n'était qu'un début. À partir de ce jour, Dan a pris l'habitude de quitter le bureau plus tôt pour aller chercher son fils à l'école. La résidence familiale se trouvait juste à côté du North Ridge Country Club, tout près du septième trou, et de ce point de départ, ils pouvaient jouer une boucle de six trous qui, à son terme, les ramenait à la maison. Tous les soirs, père et fils jouaient ensemble ces six trous. Mais ils ne faisaient pas que jouer : ils s'entraînaient. Lorsqu'un vert était désert, ils s'y attardaient pour frapper quelques coups d'approche et quelques roulés supplémentaires.

Dan avait une bonne raison d'accompagner son fils à ces séances : il ne voulait pas que North Ridge devienne pour lui un divertissement, un endroit où flâner avec les copains. « Je voulais d'abord et avant tout l'aider à s'améliorer rapidement, de déclarer Dan. Les parents qui conduisent leur enfant au club puis s'en vont aussitôt ne font rien pour les aider à progresser. Ces jeunes-là ne s'exercent pas ; le club n'est pour eux qu'un lieu de rencontre. »

Petit à petit, Dan a délaissé son propre entraînement pour se consacrer entièrement à la progression de son fils. « La plupart des parents préfèrent jouer eux-mêmes, puis prendre un verre au dix-neuvième trou, dit-il. Moi, j'ai choisi de me dévouer pour Mike, d'être là pour lui. Ma présence l'encourage à se concentrer sur ce qu'il doit faire. »

Dan était conscient qu'en dépit du zèle dont il faisait preuve, seul un instructeur professionnel pouvait aider Mike à réellement perfectionner son élan. Père et fils se sont d'abord rendus à Austin, Texas, pour y rencontrer Mike Adams. Ils sont ensuite allés en Floride pour travailler avec Jimmy Ballard, puis dans le Maryland, où Mike a pris quelques leçons avec Kent Cayce du Congressional Country Club.

Mike progressait rapidement. Garçon aimable et intelligent, il a beaucoup appris des instructeurs que son père et lui ont consultés. À douze ans, il a joué quelques parties dans les 60. Il s'exerçait toujours sous l'œil vigilant du paternel qui avait pris l'habitude de filmer leurs séances d'entraînement. Ces enregistrements faisaient ensuite l'objet d'une analyse minutieuse.

Tout se passait bien, néanmoins Dan était déçu de n'avoir pas encore trouvé l'instructeur idéal pour son fils. C'est alors qu'il a pris connaissance d'un article sur David Leadbetter, paru dans la revue *Golf Digest*. Après avoir joué de finesse pour obtenir le numéro de téléphone de ce dernier, Dan l'a contacté. David a tenté de lui expliquer qu'il n'acceptait pas de nouveaux élèves, mais Dan faisait la sourde oreille. Il est finalement parvenu à persuader David de donner une leçon d'une heure à son fils.

À la date dite, Dan et Mike Henderson ont entamé avec empressement les dix heures de route qui les séparaient d'Orlando et de David Leadbetter.

Cette première leçon a en fin de compte duré cinq heures. David avait une façon d'analyser l'élan du jeune golfeur qui convenait tant au père qu'au fils lui-même. Et puis, il savait exactement comment s'y prendre pour amener Mike à corriger ses travers. « Je me disais que si David consentait à travailler avec Mike, c'était gagné », m'a confié Dan par la suite.

Mais David Leadbetter est un instructeur très sollicité. À la fin de la consultation, il a annoncé aux Henderson qu'il n'avait tout simplement pas le temps de donner à Mike des leçons de façon régulière. Dan a bien tenté d'user encore une fois de ses dons de persuasion, mais rien n'y fit. Au cours des deux années qui suivirent, père et fils durent se contenter de prendre avec David des leçons sporadiques ; le reste du temps, ils s'adressaient à d'autres instructeurs. Puis ils en sont arrivés à une entente : David verrait Mike une fois aux quatre ou six semaines et, entre-temps, Dan lui enverrait des vidéocassettes des séances d'entraînement de son fils.

David utiliserait ces enregistrements pour juger des progrès de son élève et dispenserait ensuite ses conseils.

À compter de ce jour, David Leadbetter est devenu l'instructeur attitré de Mike Henderson. Le jeune golfeur était d'ailleurs un élève exemplaire. Il se montrait invariablement patient et travailleur. Par exemple, lorsque David lui a demandé de répéter sa prise de position initiale devant un miroir, Mike s'est prêté de bonne grâce à l'exercice, accordant une quinzaine de minutes par jour à répéter inlassablement le mouvement devant une glace, jusqu'à ce que sa posture soit parfaite.

Mais l'important dans cette affaire, ce n'est pas que Mike ait pu travailler avec un instructeur aussi réputé que David Leadbetter. L'important, c'est qu'il ait trouvé un maître en qui il avait confiance et qu'il se soit engagé à travailler avec lui exclusivement et à suivre scrupuleusement ses conseils.

Dan, pour sa part, a magnifiquement rempli son rôle. Voyant que son fils avait du potentiel et qu'il désirait vraiment apprendre et s'améliorer, il a été pour lui d'un grand soutien. Il a trouvé pour Mike l'instructeur idéal et il laisse cet instructeur faire son boulot comme il l'entend, sans lui mettre de bâtons dans les roues. Dan accompagne toujours Mike à ses leçons, mais seulement à titre d'observateur — et pour manier la caméra, bien entendu. Il prend bien soin de ne pas intervenir ni de contredire ce que David dit à son fils et il sait que son rôle est de renforcer l'enseignement du maître en l'absence de celui-ci.

C'est assurément là pour un parent la bonne façon de procéder. Le rôle du parent est d'établir certaines règles de base qui régiront le comportement du jeune golfeur et l'encourageront à faire preuve d'esprit sportif. Il est également primordial que le parent s'assure que la pratique du golf ne nuit pas aux études de l'enfant.

En revanche, il n'est pas du ressort du parent d'apprendre l'élan à son enfant. Ça, c'est le rôle de l'instructeur.

Dan Henderson a joué un autre rôle très important auprès de son fils. Comme je l'ai mentionné, Mike est un garçon aimable, sociable et d'agréable disposition ; il n'oserait jamais rabrouer quelqu'un qui vient gentiment lui parler de golf. Le problème est que ses victoires sur le circuit junior ont fait de lui une véritable célébrité locale, ce qui fait que des tas de gens l'abordent pour discuter avec lui lorsqu'il est sur le terrain d'exercice. Plus souvent qu'autrement, ces curieux veulent qu'il leur explique ce qu'il est en train de faire ou qu'il les regarde s'élancer et commente leur technique. Contrairement à Ben Hogan, Mike est incapable de rembarrer les gens sous prétexte qu'il doit s'entraîner. Confronté à cet état de choses, son père a dû assumer auprès de lui le rôle de protecteur. Dan est donc devenu une sorte de garde du corps chargé de tenir les badauds à l'écart pendant que son fils s'entraînait. Si quelqu'un voulait poser une question à Mike, Dan était tout disposé à l'éclairer.

« Bien des gens pensaient que j'étais là pour forcer Mike à s'entraîner, raconte Dan. La vérité est que je n'ai jamais exercé sur lui quelque contrainte que ce soit. C'est lui qui voulait travailler. Mon rôle était de faire en sorte qu'il ne soit pas dérangé. »

Père et fils ont bien sûr connu leurs différends, mais ils ont surmonté ces épreuves à force d'amour et de compréhension. Ils ont d'ailleurs toujours communiqué ensemble très librement et Dan n'a jamais empêché son fils d'exprimer ses craintes ou son mécontentement.

« Il me rendait parfois furieux et à d'autres moments, c'était lui qui était fâché contre moi, de dire Dan. Mais ces chicanes occasionnelles n'ont jamais remis en cause notre relation. Nous savions que nous nous aimions et cela nous aidait à traverser les moments orageux. »

Lorsque Mike eut seize ans, Dan commença à se retirer et à laisser son fils un peu plus à lui-même. « À cette époque, je me suis dit qu'il serait bon que je le laisse parfois s'entraîner seul », se rappelle-t-il. Cette étape, somme toute normale dans le cheminement d'un jeune golfeur, s'avère néanmoins éprouvante pour bon nombre de parents et d'enfants. Après des années de collaboration étroite, le retrait du parent peut être vécu par l'un et par l'autre comme un rejet ou une séparation. Mais arrive un temps où, à l'approche de l'âge adulte, l'adolescent doit apprendre à voler de ses propres ailes. Le parent délaissera alors son rôle de conseiller pour adopter celui de confident.

Le départ de Mike pour l'université a été un dur coup pour Dan Henderson. Quelque deux mille milles sépareraient désormais les parents de leur fils qui s'était inscrit à la Brigham Young University, dans l'Utah. Mike avait choisi cette institution parce qu'il aimait l'ambiance qui régnait sur le campus, mais aussi parce que l'entraîneur de l'équipe de golf était d'accord pour qu'il continue de travailler avec David Leadbetter. Les Henderson approuvaient le choix de Mike, n'empêche que lorsque ce dernier disputait un tournoi à l'autre bout du pays, Dan ressentait une pointe de nostalgie et se disait qu'il aurait bien aimé être aux côtés de son fils pour l'épauler.

Les choses se sont très bien passées pour Mike à l'université. En 1996, la Western Athletic Conference l'a nommé athlète de l'année dans la catégorie « étudiant de première année ». Son objectif était maintenant de remporter plusieurs tournois amateurs majeurs, puis de se tailler une place de choix sur le circuit professionnel. Or, il sait pertinemment ce qu'il aura à faire pour en arriver là.

Voyez-vous, c'est que Mike Henderson n'est pas un gars particulièrement baraqué. Eu égard à son physique délicat, ses coups
de départ dépassent rarement les 260 verges. Conscient qu'il ne
peut rivaliser sur ce plan avec les gros canons de la PGA, Mike
estime que son succès dans les rangs professionnels dépendra en
grande partie de la qualité de son petit jeu. Et, croyez-moi, il se
prépare en conséquence.

L a voie empruntée par Dan et Mike Henderson ne conviendra
évidemment pas à tous les parents et enfants. Il est évident
qu'un enfant qui n'a pas la passion du golf ne consentira pas à
s'entraîner avec autant d'application que le jeune Mike. Et puis
il faut vraiment que parent et enfant jouissent d'un bon rapport
pour passer autant de temps ensemble. Ce ne sont par ailleurs pas
tous les jeunes golfeurs qui ont besoin de prendre des leçons avec
un instructeur du calibre de David Leadbetter.

Il y a cependant dans l'approche des Henderson deux éléments clés qui peuvent s'appliquer à la majorité d'entre vous. Il
est important que, à l'instar de Dan, vous trouviez un instructeur en qui votre enfant et vous pouvez avoir confiance et qui
sera en mesure de le faire progresser. Deuxièmement, si votre
enfant s'avère assez talentueux pour participer à des compétitions majeures, vous ferez bien de consulter des spécialistes qui
l'aideront à développer les diverses facettes de son jeu. Dan Henderson a eu recours à mes services lorsque Mike a commencé à
jouer dans des tournois nationaux, aussi ai-je pu constater de
première main à quel point il était dévoué à son fils. Et si le père
était toujours présent, ce n'était pas du tout une présence domi-
natrice ; Dan n'a jamais forcé Mike à faire quoi que ce soit contre son gré.

Un joueur junior est toujours accompagné d'un parent lorsqu'il participe à un tournoi. Or, ces parents savent qu'ils doivent permettre à leur enfant de s'exprimer librement. Le parent doit, autant que faire se peut, respecter l'opinion de son enfant et lui permettre d'interagir positivement avec les autres, de se faire de nouveaux amis.

Si vous ne respectez pas ces conditions, vous risquez de surmener votre enfant ou de le dégoûter du golf pour de bon. Cela serait dommage, car le golf est à mon avis un sport idéalement conçu pour resserrer les liens unissant parent et enfant. Dan et Mike Henderson en sont le vibrant témoignage.

CHAPITRE 13
L'aspect financier

V oici deux vérités fondamentales concernant le golf et l'argent :

1) Un meilleur handicap n'est pas une chose que l'on peut acheter. En d'autres mots, vous ne jouerez pas mieux simplement parce que vous payez plus cher pour vos leçons et votre équipement.

2) D'autre part, tout cela coûte de l'argent. Pour apprendre à bien jouer au golf, il faut se montrer prêt à investir.

Il y a effectivement des golfeurs qui agissent comme si l'aptitude technique pouvait s'acheter. Ils se paient des leçons dans des clubs privés où le personnel porte des gants blancs et achètent tout ce qu'il y a de mieux en matière de gadgets, de bâtons, de balles et de vêtements. Si une compagnie vendait un bois n° 1 soi-disant spécial à 10 000 $ pièce, ces gens l'achèteraient.

Ce qui est triste dans tout ça, c'est que toutes ces dépenses et achats ne feront pas d'eux de meilleurs golfeurs. Il est certes agréable d'avoir du bon et bel équipement, mais reste qu'un maître golfeur pourrait jouer la normale même avec un jeu de bâtons désuets et rouillés.

Certaines personnes adoptent l'attitude opposée et hésitent à investir pour progresser. Payer un instructeur 50 $ pour une misérable petite leçon d'une heure ? Jamais de la vie !

Cette attitude n'est valable que pour les golfeurs qui ne jouent que quelques fois par année et qui, de ce fait, se soucient peu de leur niveau de jeu. Tant qu'ils acceptent le fait qu'ils ne progresseront jamais, ils peuvent se targuer de leur sens de l'économie.

La majorité des golfeurs se situe quelque part entre ces deux extrêmes. Bien qu'ils ne disposent pas de moyens illimités, ces gens dépensent néanmoins une somme appréciable en équipement, en cartes de membre et en droits de jeu, et passent en outre pas mal de temps à s'exercer. Ils veulent de toute évidence s'améliorer, mais, curieusement, refusent en général d'allouer temps et argent à un programme de perfectionnement systématique. Si vous faites partie de ce groupe, tout ce que je peux vous dire, c'est que vous devriez décider une fois pour toutes ce que la réduction de votre handicap vaut pour vous. Votre budget est limité ? Alors fixez-vous des priorités. Qu'est-ce qui est le plus important, d'après vous : acheter un nouveau jeu de bâtons ou investir pour apprendre à mieux jouer ? À vous de décider.

Sachez qu'il n'est pas nécessaire de se ruiner pour s'engager dans un programme de perfectionnement. Les sommes que vous aurez à investir sont assez importantes, néanmoins elles ne sont pas prohibitives. S'exercer au petit jeu ne coûte pratiquement rien. Les balles, au terrain d'exercice, sont peu chères. Et puis il y a des tas de bons instructeurs comme Gene Hilen qui vous dispenseront leur savoir pour la modique somme de 25 $ la leçon. Il vous sera même possible de marchander si vous vous engagez à prendre une

série de leçons plutôt qu'une leçon individuelle. La plupart des instructeurs offrent des forfaits en ce sens.

Un parent qui cherche un moniteur pour sa progéniture n'a
pas lieu de s'inquiéter : la majorité des instructeurs adorent enseigner aux enfants qui ont un peu de talent ainsi qu'une réelle envie d'apprendre et de travailler. Là encore, il y a une vaste marge
de manœuvre quant au prix. Un enfant suffisamment âgé pourra
même s'acquitter de petits travaux – ramasser les balles, nettoyer
les bâtons, etc. – en échange de son temps de leçon.

En tout et partout, un cycle de perfectionnement de trois mois
devrait coûter sensiblement la même chose qu'une seule partie sur
le parcours de Pebble Beach. Certains choisiront d'investir plus,
d'autres moins.

Et vous, quel prix êtes-vous prêt à payer pour enfin pouvoir
jouer le golf de vos rêves ?

CHAPITRE 14

Une question
de discipline

À l'automne 1993, lorsque Rocco Mediate s'est présenté au départ d'un match d'exhibition, il était loin de se douter que sa carrière était sur le point de prendre un tournant inattendu et que, par la force des choses, il allait être appelé à démontrer quel est le vrai sens du mot « discipline ». Après tout, il n'était là que pour s'amuser et, qui sait, gagner un peu d'argent.

Mais le destin allait en décider autrement. Au seizième trou, au moment où il effectuait son coup de départ, Rocco a ressenti une sorte de pincement dans le bas du dos. « Je crois que je me suis blessé » a-t-il dit à son cadet. Et il avait raison. À la fin de la partie, il boitait légèrement. Deux jours plus tard, il pouvait à peine marcher.

Rocco s'était qualifié pour le Championnat du circuit au Olympic Club de San Francisco, tournoi auquel il tenait absolument à participer et qui devait avoir lieu la semaine suivante. Quelques jours avant le championnat, Rocco se sentait mieux. Sa douleur au dos avait disparu. Tout semblait revenu à la normale, si bien que notre professionnel s'est dit qu'il avait sans doute souffert d'une légère entorse. Mais, ce jour-là, au quatorzième trou de sa partie d'exercice, Rocco a recommencé à avoir mal. Plus vive qu'auparavant, la douleur était maintenant à peine supportable. Déterminé à continuer malgré tout, Rocco a frappé au quinzième trou un coup étouffé d'à peine 120 verges avec son fer 7. La douleur était vraiment trop intense.

Claudiquant et grimaçant, Rocco a mis une heure à parcourir les 300 verges qui le séparaient du pavillon.

Permettez-moi de vous donner un aperçu de ce que Rocco a dû endurer au cours des huit mois suivants – ceux d'entre vous qui avez déjà souffert d'une hernie discale sauront tout de suite de quoi il retourne. Les spécialistes qu'il a consultés ont commencé par lui prescrire des séances de physiothérapie. Ce traitement diminuait parfois la douleur, ce qui lui permettait de jouer mais, la plupart du temps, il était quasiment à l'agonie. Cette année-là, il n'a pas pu participer au Tournoi des Maîtres. En revanche, il a joué dans l'Omnium des États-Unis – son partenaire de jeu était Arnold Palmer, qui disputait à cette occasion son dernier omnium –, mais la douleur l'a forcé à se retirer au troisième parcours.

Un mois après ce championnat, Rocco subissait une intervention chirurgicale au dos. Au terme de l'opération, son chirurgien lui a annoncé que tout s'était bien passé. Une portion du disque intervertébral avait été enlevée, mais la colonne elle-même n'était pas atteinte.

Rocco, pour sa part, ne partageait pas l'optimisme de son médecin. Et pour cause : la souffrance qu'il ressentait auparavant était disparue, mais elle avait été remplacée par une douleur d'un autre ordre, plus généralisée celle-là. Son dos était affreusement raide, comme si quelque chose entravait le jeu des vertèbres. Atterré,

Rocco a cru l'espace d'un tragique instant que sa carrière de golfeur était bel et bien finie.

Avant d'entreprendre le programme de réadaptation prescrit par son chirurgien, Rocco a été confiné au lit pendant six semaines. Il était autorisé à se lever de temps à autre pour marcher un peu, mais sans plus. Dès que son état l'a permis, il a commencé à travailler avec un physiothérapeute du nom de Frank Novakoski. Leurs premières séances n'étaient ni plus ni moins que des massages destinés à assouplir le tissu cicatriciel qui s'était formé autour de la colonne vertébrale, mais bientôt Rocco a pu commencer la thérapie proprement dite, à raison de quatre heures par jour.

De son propre aveu, Rocco n'était pas très en forme avant de se blesser. En 1993, à l'époque de sa victoire à Greensboro, il pesait environ 111 kg, poids somme toute considérable pour un homme qui mesure tout juste 1,80 m. Du moment qu'il était capable de faire un dix-huit trous à pieds, Rocco Mediate s'estimait malgré tout satisfait de sa forme physique.

Si les tentatives de physiothérapie d'avant la chirurgie ont contribué à améliorer quelque peu sa condition physique, les séances d'exercice qui ont suivi l'opération ont fait de lui un homme neuf. Après avoir passé des heures et des heures à raffermir ses abdominaux, à assouplir ses muscles et à suer sur la bicyclette stationnaire et l'escalier d'exercice, notre homme s'est retrouvé avec 25 kg et 15 cm de tour de taille en moins.

Notez qu'il avait encore beaucoup de chemin à faire avant de pouvoir reprendre ses activités de golfeur professionnel. La première fois où il s'est risqué à frapper une balle, c'était chez lui, dans sa cour arrière. « Rien qu'un petit coup d'approche roulé de 10 verges, s'était-il dit, juste pour me refaire la main. »

Ce petit coup de rien du tout lui a fait si mal que Rocco est tombé à genoux.

Mais il ne s'est pas découragé pour autant. Six semaines plus tard, à force de travail et de persévérance, il a joué dans un match du Diner's Club et tout s'est bien passé. Il a par la suite demandé à Peter Kostis et à Gary McCord de l'aider à modifier sa technique de manière que son dos soit moins sollicité durant l'élan.

Rocco fréquentait maintenant avec assiduité le gymnase mobile qui accompagne les joueurs d'une étape à l'autre du circuit. Pour se motiver pendant qu'il s'entraînait, il écoutait la trame sonore du film *Rocky*. Cela faisait beaucoup rigoler les autres joueurs. On se moquait gentiment de lui, mais cela ne faisait qu'attiser sa ferveur. « Allez-y les gars, riez pendant qu'il en est encore temps, se disait Rocco en son for intérieur. Ma parole, vous rirez moins quand je vais vous damer le pion. »

En dépit de toute cette détermination, Rocco a failli perdre sa place au sein du circuit professionnel parce qu'il n'avait pas gagné suffisamment d'argent en 1995. Ayant bénéficié d'une prorogation pour raisons de santé, il lui fallait néanmoins rehausser ses performances pour la saison 1996. En véritable champion, Rocco a su se montrer à la hauteur du défi : une sixième position à Phœnix lui a valu une bourse de 42 088 $, somme suffisante pour assurer sa place sur le circuit. Il a terminé l'année quarantième au classement des boursiers.

En ce qui a trait au golf, Rocco Mediate n'a pas encore retrouvé sa forme d'antan. Son niveau de jeu se situe toujours en deçà de ce qu'il était avant son intervention chirurgicale, néanmoins il continue de progresser. Un journaliste lui a un jour demandé s'il avait songé à ce qu'il aurait fait pour gagner sa vie s'il s'était retrouvé dans l'impossibilité de poursuivre sa carrière de golfeur. La réponse de Rocco nous fournit un indice quant au secret de son incroyable rétablissement. « Je n'y ai jamais songé, a-t-il lancé au journaliste, pas même un instant. Je n'avais pas le temps : j'étais trop occupé à guérir. »

Voici un homme qui, de toute évidence, avait eu plus de temps qu'il n'en fallait pour contempler un avenir où le golf n'aurait plus sa place. Après l'opération, il avait été alité pendant six semaines. Il avait passé des centaines d'heures à faire de la physiothérapie et à pédaler sur une bicyclette stationnaire et, malgré tout, il n'avait jamais envisagé la possibilité qu'il lui faudrait peut-être abandonner définitivement le golf. Je suis d'ailleurs convaincu que c'est pour cette raison qu'il a si religieusement suivi son programme de réadaptation. Dans son esprit, il se voyait de retour sur le circuit, à disputer des tournois, exactement comme il le faisait avant son accident. C'est cette image qui, à mon sens, l'a poussé à faire ses exercices. Alors que sa carrière, son avenir même étaient en péril, Rocco Mediate a eu la volonté et la discipline nécessaires pour faire ce qu'il avait à faire.

Selon mon expérience, l'autodiscipline n'est pas une qualité innée, un trait qui se manifeste ou non à la naissance comme la couleur des yeux, par exemple. Lorsque confrontées à une situation difficile, certaines personnes font preuve de discipline et se convainquent de travailler pour s'en sortir tandis que d'autres se persuadent plutôt de tout laisser tomber. Rocco, lui, a opté pour la première solution.

Vous me direz sans doute qu'il est plus facile pour un athlète professionnel de s'astreindre à un programme de réadaptation parce que, justement, c'est son gagne-pain qui est en cause. Eh bien, détrompez-vous. Je pourrais vous citer des douzaines d'exemples d'athlètes qui ont prématurément mis un terme à leur carrière après avoir subi une blessure grave. Mickey Mantle est un de ceux-là.

Dans le cas de Rocco, l'argent n'était pas un facteur aussi déterminant qu'on pourrait le croire. Sa situation financière était plus qu'enviable. S'il avait mis fin à sa carrière professionnelle, sa famille aurait été définitivement à l'abri du besoin. Sans compter que sa réputation dans le monde du golf n'était plus à faire. Même s'il avait dû quitter le circuit à cause de son dos, il aurait très bien pu gagner sa vie dans un secteur analogue – comme commentateur de golf à la télévision, par exemple. Non, l'argent n'était vraiment pas le moteur de sa guérison.

Ce qui a motivé Rocco après son accident et ce qui continue de le motiver aujourd'hui, c'est sa vision. Dans son esprit, il se voit en train de remporter d'autres tournois. Au cours de ma carrière de consultant, j'ai pu observer que les individus capables de nourrir cette vision et de projeter clairement dans leur esprit ce qu'ils désirent être parviennent plus aisément que les autres à rester fidèles à leur programme de perfectionnement. Par contre, ceux qui perdent foi en leur vision de ce moi idéalisé ont tendance à abandonner le programme une fois leur enthousiasme initial étiolé. Cette perte d'intérêt survient généralement entre la deuxième et la huitième semaine.

La raison de cet abandon est simple. Un bon programme de perfectionnement produit généralement des résultats immédiats – et cela est particulièrement vrai si le joueur éprouvait auparavant des difficultés. Supposons que vous êtes un golfeur moyen et que vous décidez de vous mettre au programme que je vous ai proposé précédemment. Peu de temps après avoir entrepris l'entraînement, vous faites des progrès remarquables. Votre petit jeu s'est affiné parce que vous avez commencé à vous y exercer. Votre gestion de parcours s'est elle aussi améliorée et votre handicap est à la baisse. Cette situation vous réjouira sans doute ; cependant, sachez qu'au cours de ces premiers mois de leçons et d'entraîne-ment vous traverserez une période où vos progrès cesseront brusquement. Il se pourrait même que vos marques se mettent à monter parce que vous n'aurez pas encore assimilé les nouvelles techniques sur lesquelles vous travaillez. Bref, vous atteindrez votre premier plafond.

C'est à ce moment-là que vous aurez à faire preuve d'autodiscipline.

Après avoir joué quelques matchs plutôt décevants, vous en viendrez à vous demander si les efforts que vous faites en valent vraiment la peine. Comble de l'humiliation, l'un de vos adversaires vous a battu à plates coutures alors qu'il ne s'entraîne jamais et ne prend pas de leçons.

Vous vous dites : *Pourquoi passerais-je tout ce temps à prendre des leçons et à m'entraîner ? Quoi que je fasse, je serai toujours un golfeur médiocre. Et ce qui est pire, c'est que tous mes amis vont se moquer de moi parce que je fais des efforts et que je ne m'améliore pas.*

Vous vous dites cela… et voilà qu'il devient très difficile de vous en tenir à votre discipline. La vision que vous aviez de vous-même en bon golfeur, en maître golfeur, commence à s'estomper. Vous choisissez alors d'avoir de vous une image de bon à rien, de cancre du golf. Vous vous prenez à croire qu'au golf le talent est le seul facteur déterminant, puis vous vous répétez que vous n'en avez décidément aucun. Et vous vous dites tout cela pour une seule et unique raison : vous dissuader de continuer sur la voie du perfectionnement. En somme, vous êtes en train de vous persuader d'abandonner le programme et de mettre fin à votre engagement. À partir de là, vous commencez à trouver des prétextes pour rater votre séance d'entraînement ou pour annuler votre prochaine leçon.

Vous vous mettez alors à régresser pour, techniquement parlant, revenir éventuellement à votre point de départ.

La plupart des gens croient à tort que le talent est une aptitude naturelle qui, par exemple, permet à son bénéficiaire de claquer des coups de départ phénoménaux sans avoir à travailler. Ce n'est pas non plus un don prodigieux pour les coups roulés. Le vrai talent, c'est ce dont Rocco Mediate a fait preuve lorsqu'il s'est blessé au dos. Le vrai talent est fait de patience et de persévérance. C'est aussi la capacité de conserver dans son esprit la vision de ce que l'on désire atteindre. Le vrai talent mène à la discipline, or c'est la discipline qui permet à un individu de fournir un effort soutenu. Et c'est cet effort qui vous rendra un jour capable de frapper de longs coups de départ en plein centre de l'allée et d'empocher des roulés difficiles et fabuleux.

En écrivant ce livre, mon but était de vous permettre d'exploiter pleinement votre véritable talent et de vous faire comprendre l'importance de l'autodiscipline. Toute l'information qu'il contient a été conçue de manière à vous appuyer dans votre effort de perfectionnement. Si vous adoptez mon programme, vous aurez un mentor – votre instructeur – qui vous aidera à traverser les périodes difficiles au cours lesquelles vous aurez l'impression de stagner. Mais dites-vous bien que l'instructeur ne peut pas apprendre à votre place. Son travail est d'enseigner. Apprendre, c'est votre boulot à vous. Alors appliquez-vous, mais sans oublier, bien sûr, de vous amuser. Faites de votre apprentissage une fête.

Je vous garantis que si vous suivez mon programme de perfectionnement pendant trois ans, vous parviendrez à jouer le golf de vos rêves. Je vous garantis aussi que vous allez traverser au cours de ces trois années des périodes où vos efforts vous sembleront vains, où vous aurez envie de baisser les bras et de tout abandonner.

Dans ces moments-là, les autres aspects de votre vie vous paraîtront beaucoup plus dignes d'attention que le golf. C'est alors que
vous devrez puiser en vous-même la force de continuer. Concentrez-
vous sur votre idéal, sur cette vision de vous en train de jouer le
golf de vos rêves. Ne perdez pas cette image de vue. Si vous par-
venez à faire cela, il vous sera plus facile de persévérer.

Ce n'est après tout qu'une question de discipline.

CHAPITRE 15

Une philosophie du golf et de la vie

Pourquoi devriez-vous adopter le programme que je vous propose ? Pourquoi vous engageriez-vous résolument sur cette voie et pas sur une autre ? Pourquoi est-il si important que vous persévériez une fois que vous vous êtes engagé ?

Ces questions nous renvoient à la nature même de l'être humain. Le propre de l'homme est de combattre l'adversité pour éventuellement la surmonter. Nos aïeux ont été confrontés à des problèmes de survie élémentaires. Ils devaient cultiver la terre pour assurer leur subsistance et façonner les matériaux bruts que la nature mettait à leur disposition pour se construire un logis. S'ils voulaient aller quelque part, ils devaient marcher. À travers les âges, l'être humain a survécu parce qu'il a su relever les défis qui se présentaient à lui – ce sont d'ailleurs ces défis qui le motivaient, qui l'incitaient à aller de l'avant. Si la première réaction de nos ancêtres avait été d'accepter leur sort et de capituler, la race humaine se serait éteinte depuis belle lurette.

L'homme moderne possède lui aussi cette capacité qu'avaient ses ancêtres de triompher des obstacles qui se dressaient sur leur route. En notre qualité d'êtres humains, nous avons tous ce besoin inné d'être mis au défi.

Mais l'homme aime aussi s'amuser. Il faut bien souvent user de persuasion pour inciter un enfant à ranger sa chambre ou à faire ses devoirs, mais qu'on l'invite à jouer et il y a de fortes chances qu'il ne se fasse pas prier. Le jeu est une chose naturelle pour l'humain. À mon avis, cela est relié à un phénomène de synchronisation du corps et de l'esprit.

Nous vivons à une époque où le corps et l'esprit sont dissociés. Dans le cadre de nos activités quotidiennes, nous faisons une nette distinction entre le travail intellectuel et le travail physique. Bon nombre de mes clients me demandent d'identifier pour eux cette mythique frontière qui sépare leur corps de leur esprit, comme s'il s'agissait d'un point précis situé quelque part entre la clavicule et le maxillaire inférieur. En réalité, le corps et l'esprit sont indissociables. Je dirais même que c'est quand ces deux aspects de l'humain travaillent en harmonie que nous nous sentons le mieux – comme lorsque nous jouons ; le jeu permet en effet, et même nécessite, ce type de synchronisation.

Le golf est à la fois un jeu et un défi. C'est ce qui en fait à mon avis un sport si merveilleux et si populaire.

En jouant, le corps du golfeur est appelé à exprimer non pas sa force brute, mais sa grâce et sa capacité de coordination. Son esprit, quant à lui, doit mobiliser ses facultés d'apprentissage, élaborer des stratégies et exercer sur lui-même une certaine mesure de contrôle et de sang-froid. Le golf favorise également l'épanouissement d'admirables vertus telles la détermination, la patience et la persévérance. Chaque fois que l'on joue au golf, on se mesure à une norme d'excellence universellement reconnue, la normale, mais on se mesure aussi à soi-même et on vise de ce fait un certain dépassement.

Mais le golf est aussi un sport impitoyable qui exige une franchise absolue. À la fin d'une partie, on ne peut pas dire que l'on a bien joué si en réalité on a mal joué. Bref, on ne peut pas faire semblant d'être un bon golfeur. Il n'y a pas non plus de coéquipiers sur lesquels on peut compter ; on ne peut s'en remettre qu'à soi-même et à ses propres capacités.

Il est impossible d'en arriver à une maîtrise totale du golf. Ici, le processus d'apprentissage est constant, il y a toujours quelque chose de neuf à apprendre. C'est d'ailleurs pourquoi on ne s'ennuie jamais en pratiquant ce sport. On pourrait aller jusqu'à dire que le golf est l'antidote par excellence contre l'ennui.

Les plaisirs que le golf procure sont multiples : il y a la joie à se retrouver au grand air dans un décor enchanteur, le bonheur de pratiquer une activité délassante en compagnie de quelques bons amis, puis la satisfaction de frapper la balle et de la voir filer dans les airs. Le golf offre également l'occasion de surmonter de nombreux obstacles et de relever d'importants défis, ce qui est en soi un plaisir. Il s'agit en fin de compte d'une occupation à la fois sérieuse, amusante et enrichissante.

Je disais récemment à un de mes clients que s'il s'engageait à poursuivre son processus de perfectionnement, il aurait beaucoup de plaisir à découvrir la véritable étendue de ses capacités. « Un instant, Bob, a-t-il répliqué. Voilà des semaines que je m'exerce et que je prends des leçons sans vraiment faire de progrès. Ce n'est pas ce que j'appelle avoir du plaisir ! Pour tout dire, je me sens déçu, frustré et découragé ! »

D'un côté, ce client avait tout à fait raison d'éprouver ces émotions négatives, mais, d'autre part, il avait sans doute péché par excès de zèle. Parmi les golfeurs amateurs avec lesquels je travaille, certains prennent leur entraînement tellement au sérieux qu'ils en oublient de s'amuser. Je rencontre souvent des gens qui viennent de prendre leur retraite et qui me disent qu'ils ont hâte de consacrer tous leurs temps libres à la pratique du golf. Ils commencent donc à prendre des leçons et se mettent à jouer et à s'exercer tous les jours pendant des heures et des heures. Au bout de quelques mois, ils se plaignent du fait que ces activités ne leur procurent plus le même plaisir qu'au début.

À mon sens, ces gens n'abordent pas la chose de la bonne manière. Maintenant qu'ils sont retraités, ils ressentent le besoin de faire du golf un travail, comme s'il s'agissait pour eux d'une nouvelle carrière. Pas étonnant alors que ce qui au départ devait être un passe-temps et un jeu soit devenu un labeur, une corvée. Peut-être s'attendaient-ils à ce que leur handicap diminue en proportion de l'effort fourni. Or, au golf, effort n'est malheureusement pas toujours synonyme de rendement. Le travail de l'individu n'est pas automatiquement récompensé ; il n'y a pas de gratification immédiate, pas de salaire à la clé. Dès que ces personnes saisissent cela, elles se désintéressent du golf. Et ce n'est pas la nature de l'activité elle-même, le défi qu'elle représente qui les a démotivées, mais leur propre attitude.

N'oubliez pas que votre programme de perfectionnement n'est pas un job. Vous aurez certes à faire parfois un petit effort de volonté pour vous acquitter de vos diverses tâches – répétition des coups, exercices d'assouplissement, etc. –, néanmoins il ne faut pas que vous considériez l'entraînement comme une corvée. On doit s'entraîner parce que l'on veut devenir meilleur et non pas simplement pour le principe. Dites-vous que c'est par choix que vous faites ces choses, qu'elles ne sont pas une obligation, mais une expression de votre désir de pouvoir enfin jouer le golf de vos rêves. En fin de compte, votre but est de devenir suffisamment bon pour pouvoir pleinement savourer les joies du golf. Si vous répétez vos roulés, c'est pour être un jour en mesure d'attaquer la coupe en véritable champion, avec une attitude positive.

Vous vous entraînez également parce que vous voulez jouer au golf avec aisance et grâce. Si vous suivez mon programme, si vous vous exercez consciencieusement, tout deviendra éventuellement plus simple et plus facile. Graduellement, vous en viendrez à jouer de façon instinctive et naturelle, comme un vrai professionnel. Et mieux vous jouerez, moins vous serez frustré ou fatigué à la fin d'un match – ce qui est, vous en conviendrez, une très bonne chose.

Quand je vous dis que vous aurez beaucoup de plaisir à découvrir l'étendue de vos capacités, je ne cherche pas à vous faire croire que ce sera tous les jours une partie de plaisir. Ce que j'entends par là, c'est que votre entraînement suscitera en vous une foule d'émotions qui mettront du piquant dans votre existence. Désespoir, déception et frustration seront au menu plus souvent qu'à leur tour, prenez-en ma parole. Mais vous verrez qu'au bout du compte vous vous sentirez fier d'avoir tenu tête à ces élans négatifs et d'avoir persévéré malgré tout. Les épreuves que vous aurez eues à traverser ne feront que rehausser ce sentiment de fierté et de satisfaction que vous éprouverez lorsque, enfin, vos efforts porteront fruit.

Bien des gens disent du golf que c'est un sport injuste. Ils ont tout à fait raison. Il est injuste que Tiger Woods et Laura Davies aient beaucoup plus de talent que la majorité d'entre nous. Il est injuste que certaines personnes aient commencé à jouer et à bénéficier des conseils d'un instructeur dès leur plus jeune âge, alors que les adultes que nous sommes doivent s'escrimer avec leurs mauvaises habitudes et leur élan déficient. Il est injuste qu'un joueur frappe un coup complètement raté qui ricochera contre un arbre pour aboutir à deux doigts du trou alors qu'un autre exécutera un coup identique pour voir sa balle se perdre dans les herbes hautes.

Le golf est un sport injuste. Et puis après ? Vous croyez qu'elle est juste, la vie ? Quand vous faites une mauvaise action et que vous ne vous faites pas prendre, cela vous semble juste ? Peut-être préféreriez-vous avoir à payer chèrement chaque bêtise que vous faites. Seriez-vous disposé, par souci de justice, à refuser tous les privilèges que l'on vous accorde ? à repousser tous les avantages, toutes les marques de favoritisme ?

Le golf, tout comme la vie d'ailleurs, nous plonge parfois au cœur d'une situation injuste avec laquelle il nous faut composer. L'individu qui se plaint constamment des vicissitudes de l'existence n'aime pas vraiment la vie ; de même, le golfeur qui n'arrête pas de râler parce qu'il pratique un sport difficile n'est pas un véritable amoureux du golf. Comme le dit si bien mon bon ami Tom Kite, une personne qui aime vraiment le golf l'aimera autant lorsqu'elle joue divinement que quand tout va de travers.

Il faut aimer le golf même s'il nous fait du mal.

Car vous devez vous attendre à ce que le golf vous brise parfois le cœur. Admettons que vous décidez de vous concentrer un temps sur votre petit jeu. Vous redoublez d'ardeur à l'entraînement et peaufinez inlassablement cet aspect de votre jeu. Vous êtes bientôt en mesure d'exécuter des coups d'approche et des roulés magnifiques, mais voilà que vos coups longs, que vous avez négligés, se font brouillons et approximatifs. Conséquemment, vos marques ne diminuent pas. La chose vous démoralise complètement.

C'est dans ces moments-là que vous devrez faire montre de persévérance et de détermination. C'est dans ces moments-là que vous devrez vous accrocher à votre rêve et puiser au fond de vous-même la motivation nécessaire pour continuer.

C'est également dans ces moments-là que vous devez vous dire : *J'aime le golf et j'admire les gens qui parviennent à devenir de bons golfeurs. Je sais que c'est un sport difficile et qu'il me faudra longtemps travailler avant d'atteindre le niveau que je vise, mais je sais aussi que je serai très fier de moi lorsque j'aurai enfin atteint ce niveau.*

Le golfeur et la golfeuse qui conserveront une attitude positive et qui auront le courage et la patience de persévérer récolteront éventuellement le fruit de leurs efforts. Du moment qu'ils n'oublient pas de s'amuser, tout ira pour le mieux. Le processus lui-même sera peut-être plus long que vous ne le pensiez, mais dites-vous bien qu'il produira éventuellement les résultats escomptés. Bientôt, vous empocherez vos roulés courts avec régularité. Bientôt, vous saurez administrer vos coups d'approche avec autorité, satisfaits de voir la balle toucher le vert à l'endroit exact que vous envisagiez pour s'arrêter tout près de la coupe.

À certaines étapes de votre cheminement, vous aurez de ces prises de conscience qui vous donneront l'impression d'avoir été touché par la grâce. Vous comprendrez tout à coup une chose qui vous échappait encore l'instant d'avant. *Mais oui ! C'est ça !* vous exclamerez-vous. Sachez cependant que votre progression sera généralement si graduelle qu'elle se fera presque à votre insu. Un beau jour, fer droit en main, vous vous rendrez sur le vert et constaterez que la plupart de vos coups d'approche atteignent la cible.

De tous les bons moments qu'offre le golf, aucun n'égale celui où l'on prend enfin conscience du chemin que l'on a parcouru depuis que l'on s'est engagé sur la voie du perfectionnement. Vous verrez qu'il s'agit vraiment là d'un grand moment de l'existence.

Appendice A
Règles et principes

- Il n'est pas nécessaire de jouir d'aptitudes athlétiques extraordinaires pour bien jouer au golf.

- Ce sont des vertus telles la détermination, la patience et la persévérance qui, bien plus que l'aptitude physique, permettent à un athlète donné d'améliorer ses performances.

- Quiconque veut devenir un meilleur golfeur doit posséder l'intime conviction qu'il est capable d'atteindre un niveau de performance supérieur. Cette personne doit être convaincue qu'elle a le talent nécessaire pour réussir.

- La valeur d'un instructeur ne se mesure pas au prix de ses leçons. Un bon instructeur se reconnaît à son amour du golf et de son métier. Il possède une connaissance approfondie de ce sport et il sait comment la transmettre. De plus, il se réjouit des progrès de ses élèves.

- Si l'élève s'applique mais ne fait pas de progrès, c'est que l'instructeur n'adopte pas avec lui la bonne méthode d'enseignement.

- Il n'est jamais trop tard pour apprendre à jouer au golf.

- Tout golfeur qui désire améliorer ses performances devra tôt ou tard s'engager à suivre les conseils d'un seul instructeur. Une fois le processus de perfectionnement amorcé, le golfeur devra résolument continuer sur cette voie sans jamais s'en écarter.

- Le golfeur désireux de s'améliorer doit accepter qu'il y aura des moments où son zèle et ses sacrifices sembleront vains. Il traversera parfois de longues périodes au cours desquelles l'effort fourni paraîtra démesuré au regard des résultats obtenus. C'est dans ces moments-là qu'il ou elle devra faire preuve de patience et de persévérance.

- Les parties et les périodes d'échauffement ne comptent pas comme du temps d'entraînement. Il n'y a que l'entraînement qui compte pour de l'entraînement.

- La leçon pratique est un précieux outil diagnostique. Elle permet à l'élève de prendre conscience de son véritable niveau de jeu.

- C'est souvent par la qualité de ses coups d'approche que le maître golfeur se démarque d'un joueur de niveau moindre.

- Le golfeur qui entreprend un changement d'élan devra s'efforcer de combattre ses anciennes habitudes et ne pas se laisser aller au sentiment de confort et de rassurante familiarité qu'elles procurent.

- Il est primordial d'acquérir des habitudes dominantes saines et efficaces.

- Si vous aimez les défis et désirez devenir un meilleur golfeur, alors engagez-vous à travailler sérieusement. Cela vous procurera un immense plaisir.

- Il est important de rester concentré durant l'entraînement.

- Le rôle du parent est d'établir certaines règles de base qui régiront le comportement du jeune golfeur et l'encourageront à faire preuve d'esprit sportif. Le parent doit également s'assurer que la pratique du golf ne nuit pas aux études de l'enfant. Il n'est cependant pas du ressort du parent d'apprendre l'élan à son enfant. Il s'agit du rôle de l'instructeur.

- L'autodiscipline n'est pas une qualité innée, un trait qui se manifeste ou non à la naissance comme la couleur des yeux, par exemple. Lorsque confrontées à une situation difficile, certaines personnes font preuve de discipline et se convainquent de travailler pour s'en sortir tandis que d'autres se persuadent plutôt de tout laisser tomber.

- Le vrai talent est fait de patience et de persévérance. C'est aussi la capacité de conserver dans son esprit la vision de ce que l'on désire devenir.

Appendice B

Votre programme de perfectionnement

Prenez toujours des notes lors de vos leçons et de vos séances d'exercice. Ces notes vous aideront à vous souvenir de ce que vous avez appris et vous permettront en outre d'évaluer objectivement vos progrès. Copiez les pages suivantes et utilisez-les chaque fois que vous commencez un nouveau cycle de perfectionnement.

Leçon 1

Séance d'entraînement I

_____

_____

Séance d'entraînement II

_____

_____

Séance d'entraînement III

_____

_____

Séance d'entraînement IV

_____

_____

Partie (nom du parcours et marque obtenue) ....

Partie (nom du parcours et marque obtenue) ....

Séance d'entraînement V

_____

_____

Séance d'entraînement VI

_____

_____

Séance d'entraînement VII

_____

_____

Séance d'entraînement VIII

_____

_____

Partie (nom du parcours et marque obtenue) ....

Partie (nom du parcours et marque obtenue) ....

Leçon 2

Séance d'entraînement IX

_____

_____

Séance d'entraînement X

Séance d'entraînement XI

Séance d'entraînement XII

Partie (nom du parcours et marque obtenue)

Partie (nom du parcours et marque obtenue)

Séance d'entraînement XIII

Séance d'entraînement XIV

Séance d'entraînement XV

Séance d'entraînement XVI

SÉANCE D'ENTRAÎNEMENT XVII

PARTIE (NOM DU PARCOURS ET MARQUE OBTENUE)

PARTIE (NOM DU PARCOURS ET MARQUE OBTENUE)

LEÇON 3

SÉANCE D'ENTRAÎNEMENT XVIII

SÉANCE D'ENTRAÎNEMENT XIX

SÉANCE D'ENTRAÎNEMENT XX

SÉANCE D'ENTRAÎNEMENT XXI

PARTIE (NOM DU PARCOURS ET MARQUE OBTENUE)

PARTIE (NOM DU PARCOURS ET MARQUE OBTENUE)

SÉANCE D'ENTRAÎNEMENT XXII

SÉANCE D'ENTRAÎNEMENT XXIII

SÉANCE D'ENTRAÎNEMENT XXIV

SÉANCE D'ENTRAÎNEMENT XXV

SÉANCE D'ENTRAÎNEMENT XXVI

PARTIE (NOM DU PARCOURS ET MARQUE OBTENUE)

PARTIE (NOM DU PARCOURS ET MARQUE OBTENUE)

LEÇON 4

SÉANCE D'ENTRAÎNEMENT XXVII

SÉANCE D'ENTRAÎNEMENT XXVIII

SÉANCE D'ENTRAÎNEMENT XXIX

SÉANCE D'ENTRAÎNEMENT XXX

PARTIE (NOM DU PARCOURS ET MARQUE OBTENUE) _____

PARTIE (NOM DU PARCOURS ET MARQUE OBTENUE) _____

SÉANCE D'ENTRAÎNEMENT XXXI

SÉANCE D'ENTRAÎNEMENT XXXII

SÉANCE D'ENTRAÎNEMENT XXXIII

SÉANCE D'ENTRAÎNEMENT XXXIV

SÉANCE D'ENTRAÎNEMENT XXXV

PARTIE (NOM DU PARCOURS ET MARQUE OBTENUE) _____

PARTIE (NOM DU PARCOURS ET MARQUE OBTENUE) _____

LEÇON 5

SÉANCE D'ENTRAÎNEMENT XXXVI

SÉANCE D'ENTRAÎNEMENT XXXVII

SÉANCE D'ENTRAÎNEMENT XXXIII

SÉANCE D'ENTRAÎNEMENT XXXIX

PARTIE (NOTATION DES RÉSULTATS)

TROU NUMÉRO 1	COUPS : _____	TOTAL : _____
TROU NUMÉRO 2	COUPS : _____	TOTAL : _____
TROU NUMÉRO 3	COUPS : _____	TOTAL : _____
TROU NUMÉRO 4	COUPS : _____	TOTAL : _____
TROU NUMÉRO 5	COUPS : _____	TOTAL : _____
TROU NUMÉRO 6	COUPS : _____	TOTAL : _____
TROU NUMÉRO 7	COUPS : _____	TOTAL : _____
TROU NUMÉRO 8	COUPS : _____	TOTAL : _____
TROU NUMÉRO 9	COUPS : _____	TOTAL : _____
TROU NUMÉRO 10	COUPS : _____	TOTAL : _____

TROU NUMÉRO 11   COUPS : _____   TOTAL : _____

TROU NUMÉRO 12   COUPS : _____   TOTAL : _____

TROU NUMÉRO 13   COUPS : _____   TOTAL : _____

TROU NUMÉRO 14   COUPS : _____   TOTAL : _____

TROU NUMÉRO 15   COUPS : _____   TOTAL : _____

TROU NUMÉRO 16   COUPS : _____   TOTAL : _____

TROU NUMÉRO 17   COUPS : _____   TOTAL : _____

TROU NUMÉRO 18   COUPS : _____   TOTAL : _____

TOTAL POUR LA PARTIE : _____

TOTAL DES COUPS EFFECTUÉS À MOINS DE 120 VERGES DU TROU : _____

POURCENTAGE DES COUPS DE DÉPART QUI ONT TROUVÉ L'ALLÉE : _____

POURCENTAGE DES ROULÉS DE MOINS DE 5 PIEDS QUI ONT
ÉTÉ EMPOCHÉS : _____

POURCENTAGE DES COUPS D'APPROCHE AYANT ABOUTI EN BONNE POSITION SUR
LE VERT : _____

POURCENTAGE DES SORTIES EN EXPLOSION RÉUSSIES : _____

PARTIE (NOTATION DES RÉSULTATS)

TROU NUMÉRO 1   COUPS : _____   TOTAL : _____

TROU NUMÉRO 2   COUPS : _____   TOTAL : _____

TROU NUMÉRO 3   COUPS : _____   TOTAL : _____

TROU NUMÉRO 4   COUPS : _____   TOTAL : _____

TROU NUMÉRO 5   COUPS : _____   TOTAL : _____

TROU NUMÉRO 6   COUPS : _____   TOTAL : _____

TROU NUMÉRO 7   COUPS : _____   TOTAL : _____

Trou numéro 8   Coups : _____   Total : _____

Trou numéro 9   Coups : _____   Total : _____

Trou numéro 10   Coups : _____   Total : _____

Trou numéro 11   Coups : _____   Total : _____

Trou numéro 12   Coups : _____   Total : _____

Trou numéro 13   Coups : _____   Total : _____

Trou numéro 14   Coups : _____   Total : _____

Trou numéro 15   Coups : _____   Total : _____

Trou numéro 16   Coups : _____   Total : _____

Trou numéro 17   Coups : _____   Total : _____

Trou numéro 18   Coups : _____   Total : _____

Total pour la partie : _____

Total des coups effectués à moins de 120 verges du trou : _____

Pourcentage des coups de départ qui ont trouvé l'allée : _____

Pourcentage des roulés de moins de 5 pieds qui ont
été empochés : _____

Pourcentage des coups d'approche ayant abouti en bonne position sur
le vert : _____

Pourcentage des sorties en explosion réussies : _____

Séance d'entraînement XL

_____

_____

Séance d'entraînement XLI

_____

_____

SÉANCE D'ENTRAÎNEMENT XLII

SÉANCE D'ENTRAÎNEMENT XLIII

SÉANCE D'ENTRAÎNEMENT XLIV

LEÇON 6 – LEÇON PRATIQUE DONNÉE SUR LE PARCOURS

CINQ JOURS DE RELÂCHE

LEXIQUE

Allée : fairway

Amorcer : take away

Angle d'ouverture (d'un club) : loft

Approche lobée : pitch

Approche roulée : chip

Bâton : club ; canne

Boguey : bogey

Bois n° 1 : driver

Bois d'allée : bois de parcours ;
    bois de fairway

Boutique du pro : pro-shop

Cadet : caddie

Calotter : topper

Carte de pointage : carte de score

Cocheur : wedge ; chipper

Cocheur de lob : lob wedge

Cocheur d'allée : pitching wedge

Cocheur de sable : sand wedge

Compétition par trous : match-play

Coudé : dog-leg

Coup d'approche : approche

Coup d'approche lobé : pitch

Coup d'approche roulé : chip

Coup de départ : drive ; teeshot

Coup roulé : putt

Crochet extérieur : slice

Crochet extérieur léger : fade

Crochet intérieur : hook

Crochet intérieur léger : draw

Crochet de droite : slice

Descente : downswing

Effet rétro : backspin

Élan : swing

Éliminatoire (joute) : play-off

Fer droit : putter

Fosse de sable : bunker

Gras (frapper) : gratte

Herbes hautes : rough

Impact : frappe

Impact (zone d') : traversée

Maître-golfeur : joueur scratch

Marque : score

Montée : backswing

Normale : par

Normale (jouer la) : jouer scratch

Oiselet : birdie

Omnium : Open

Partie par coups : stroke-play

Partie par trous : match-play

Position/posture de pieds : stance

Prise de position initiale : adresse

Prise : grip

Prolonger : followthrough ;
  accompagnement

Roulé : putt

Tablier : avant-green

Terrain d'exercice : terrain
  d'entraînement ; practice

Tertre, tertre de départ : tee ;
  aire de départ

Tour : partie ; parcours

Vert : green

Vert d'exercice : putting green ;
  green d'entraînement

REMERCIEMENTS

Tant de gens ont contribué d'une façon ou d'une autre à la création de cet ouvrage, qu'il m'est difficile de savoir par où commencer. Je voudrais d'abord remercier tous les entraîneurs que j'ai eu le plaisir de rencontrer depuis le début de ma carrière. En plus d'avoir beaucoup appris en les écoutant et en observant leurs méthodes, j'ai compris grâce à eux quel dévouement et quel courage il fallait pour amener un athlète à son niveau de performance optimum. Tous les grands entraîneurs retirent une joie et une satisfaction profondes du simple fait d'aider leurs semblables à atteindre leurs objectifs. À mon sens, c'est ce qui fait de leur métier une si noble profession.

Je tiens également à remercier tous les athlètes qui, au fil des années, ont jugé bon de me faire confiance et de solliciter mon aide. Sans doute leur aurai-je beaucoup appris, mais pour leur part ils m'ont enseigné l'importance de s'accrocher à ses rêves et de faire en sorte de les réaliser.

Je suis particulièrement redevable aux golfeurs et golfeuses, professionnels ou amateurs, avec lesquels j'ai travaillé par le passé. Ils m'ont vraiment aidé à comprendre les facteurs qui permettent à un joueur de s'améliorer.

Notre relation en fut donc une d'échange et de partage : je leur enseignais des choses et, de leur côté, ils me faisaient prendre conscience de certains faits, de certaines vérités concernant le processus d'apprentissage. Je dois également une fière chandelle à tous mes collègues de la National Golf Foundation, de la PGA et des écoles de la revue *Golf Digest*.

Je ne voudrais pas oublier les personnes dont le nom figure entre les pages de ce livre : Rob McNamara et Gene Hilen ; Hank Johnson ; Greg et David Belcher ; Paul Buckley et Pete Mathews ; Alice Hovde et Todd Anderson ; Bill Davis ; Patty Pilz ; Jay et Arline Hoffman ; Bob Toski ; Kandi Kessler-Comer et Phil Owenby ; Dan Grider et Terry Crouch ; Dan et Michael Henderson ; Mark Heartfield et Dick Kreitler ; Robert Willis et Mike Carver ; et finalement, Rocco Mediate. Je remercie chaleureusement tous ces gens de m'avoir accordé leur temps – et dans bien des cas leur hospitalité – et d'avoir partagé avec moi leurs expériences et leurs souvenirs. Ils ont été pour moi une précieuse source d'inspiration.

Un sincère merci à Bill Heron et à Rod Thompson ainsi qu'à mes parents, Laura et Guy Rotella, qui m'ont offert leur aide et m'ont prêté conseil tout au long de la rédaction de cet ouvrage.

En conclusion, je voudrais remercier Casey et Darlene Rotella. Je sais que ce projet leur a occasionné quelques désagréments et je leur suis reconnaissant de leur patience.

TABLE DES MATIÈRES

Achevé d'imprimer au Canada
en février 2003
sur les presses de l'imprimerie Transcontinental